却顾所来径

杨焄 著

生活·读书·新知 三联书店

图书在版编目(CIP)数据

却顾所来径 / 杨焄著. —北京:生活·读书·
新知三联书店,2018.10
ISBN 978 - 7 - 108 - 06353 - 3

Ⅰ.①却⋯　Ⅱ.①杨⋯　Ⅲ.①文史－中国－近现代－文集
Ⅳ.①C52

中国版本图书馆 CIP 数据核字(2018)第 145307 号

责任编辑　王婧娅
封面设计　周伟伟
责任印制　黄雪明
出版发行　生活·讀書·新知 三联书店
　　　　　(北京市东城区美术馆东街 22 号)
邮　　编　100010
印　　刷　常熟市梅李印刷有限公司
排　　版　南京前锦排版服务有限公司
版　　次　2018 年 10 月第 1 版
　　　　　2018 年 10 月第 1 次印刷
开　　本　889 毫米×1194 毫米　1/32　印张　7.25
字　　数　151 千字
定　　价　29.00 元

自 序

　　浑浑噩噩栖身于学界，不知不觉已经过去十余年了。我的专业领域原本集中在魏晋南北朝文学研究，本书收集的三十余篇随笔却都围绕着近现代学术史展开，两者似乎风马牛不相及。在推崇术业有专攻并强调科研量化考评的当下，如此恣意放任的行为，颇有些本末倒置，甚至不务正业的意味，更何况为此耗费的时间和精力有时并不在撰写专业论文之下。只是多年以来渐已养成随意杂览的习惯，对晚近文史研究界的掌故逸闻尤感兴趣。既然积习难返，索性听之任之。自忖从专业角度去管窥蠡测，或许还能有别样的发现。前哲先贤们在不同领域筚路蓝缕，其嘉言懿行和烛幽照微固然值得后人涵泳借鉴，其鲁莽灭裂和疏失错谬又何尝不能发人深省？由此开卷有得，兴之所至，便敷衍成文。幸得黄晓峰、丁雄飞、方晓燕、任思蕴、邵岭、柳青等诸多友朋的信赖，近三四年间先后刊布于《上海书评》和《文汇报》等媒体报章之上；偶有一得之见，还得到过不少师友的鼓励勖勉，尤其是从业师杨明先生那里，时常体会到往还讨教的快乐；此次又承蒙黄晓峰先生的大力推荐以及王婧娅女史的热情邀约,得有机缘将这些零章散篇汇为一编,在此谨一并致以衷心的感谢。

借助这次结集出版的机会,我稍稍做了一些修订润饰:恢复了原先发表时被调整删汰的内容,改正了个别误植的错字,统一了文中附注的格式;为避免烦冗琐碎,文中提及的前辈学人一律免去尊称;个别篇章在发表后曾蒙师友垂示指正,或自己又有新发现,则另加"附记"予以说明。在陆续撰写这些文章时并无通盘的计划,现在汇集起来不免显得支离散漫,因此根据各篇的关注焦点和相互关联,大致分为三辑:"学林漫识"以记人为主,"旧籍散议"以论书为主,"史案新勘"以议事为主。书名"却顾所来径"取自李白的《下终南山过斛斯山人宿置酒》,既点明全书主旨在于探寻近现代以来学术研究的递嬗迁变,同时也意味着对自己数年来读写生涯的回顾总结。至于考较评议的内容是否确切得当,尚祈诸位读者不吝赐教。

2018 年 4 月

目　录

第一辑　学林漫识

第二辑　旧籍散议

第三辑 史案新勘

第一辑　学林漫识

口头与案头之间

　　论起现代学者的演讲才能,胡适即便称不上首屈一指,也肯定会名列前茅。这得益于他早年在康奈尔大学选修过一门演讲课程,从此开启了"后来有训练的讲演生涯",并且"历四五十年而不衰";作为一种全新的自我表达方式,演讲也影响到他日后的文学观念,因为"公开讲演也是个最好的机会,让一个人去训练他自己的写作","这样可使他以写作的方式,对他要表达的题目了解得更清楚"(唐德刚译注《胡适口述自传》第四章《青年期的政治训练》,华东师范大学出版社,1993 年)。他在留美期间的日记中曾经作过"白话文言之优劣比较",特别强调"今日所需,乃是一种可读、可听、可歌、可讲、可记的言语。要读书不须口译,演说不须笔译;要施诸讲坛舞台而皆可,诵之村妪妇孺而皆懂。不如此者,非活的言语也,决不能成为吾国之国语也,决不能产生第一流的文学也"(曹伯言整理《胡适日记全编》1916 年 7月 6 日条,安徽教育出版社,2001 年),简直将演讲训练视为文学创作的必经之路。这段议论后来又在《逼上梁山——文学革命的开始》(载 1934 年《东方杂志》第三十一卷第一期)和《〈中国新

文学大系〉第一集导言》(载《中国新文学大系·建设理论集》,良
友图书印刷公司,1935 年)等文章中被他自己不断引述,足见其
重要程度,绝不可等闲视之。

　　不过话说回来,口头演说毕竟不能贸然与案头撰著等量齐
观,随着时间、对象、场合等因素的微妙变化,即便是同一题旨的
演讲和文章之间,也很可能出现非常大的差异。1920 年 3 月 13
日,胡适在北京高等师范学校附属中学国文研究部做过一次题
为"中学国文的教授"的演讲,演讲内容经由周蘧——也就是后
来以经学史研究著称的周予同——记录整理,当月就刊登在该
校主办的《教育丛刊》第二集上。胡适在演讲中对教育部规定的
中学国文课程颇多诟病,尤其主张"习字、文字源流、文学史都废
去,习字尽可在课外练习,不必空占时间,所以废去,文字源流可
以不必教,并且现在用的商务印书馆出版的书是很荒谬的,文学
史也是商务印书馆出版的,也是一样的荒谬,文法要略简直是八
股体,所以也应该另编"。这篇记录稿大概并没有经过胡适的审
核修订,因为在演讲结束一星期之后,他在日记中又提到"作文
'中学国文'"(曹伯言整理《胡适日记全编》1920 年 3 月 20 日
条)。而这篇由他本人根据演讲内容亲自改定的文章,同样以
"中学国文的教授"为题,发表在当年 9 月出版的《新青年》第八
卷第一号上,基本主旨虽然和演讲并无龃龉,但很多细节都已经
过润饰增删。此后,亚东图书馆在 1921 年出版《胡适文存》,良
友图书印刷公司在 1935 年推出《中国新文学大系》,其中收录的
《中学国文的教授》一文,都以《新青年》所刊文本为准。《新青
年》当然影响深远,《胡适文存》和《中国新文学大系》也同样风行

一时,以至于后来的读者往往并不知晓此前居然还另有一份颇存歧异的演讲记录稿。比如上文所引演讲中的那段批评,在《新青年》上发表时就被修改成"写字决不是每周一小时的课堂习字能够教得好的,故可删去。现有的《文法要略》《文字源流》,都是不通文法和不懂文字学的人编的,读了无益,反有害。(孙中山先生曾指出《文法要略》的大错,如谓鹄与猿为本名字,与诸葛亮、王猛同一类!)文学史更不能存在。不先懂得一点文学,就读文学史,记得许多李益、李颀、老杜、小杜的名字,却不知道他们的著作,有什么用处?"前后稍作比勘,演讲稿和改定稿之间的差别显而易见。

近年来相继有梁心的《胡适关于中学国文教育的三次讲演——侧重第三次讲演》(载《社会科学研究》2009 年第 1 期)和瞿骏的《新文化的"到手"与"入心"》(载 2016 年 8 月 12 日《文汇报·文汇学人》),对胡适此次演讲的始末原委做过细致的爬梳和分析,但并不意味着就此题无剩义。比如胡适在演讲中指责的那些教材内容究竟如何?对教材的出版方商务印书馆,胡适为何在演讲时点名道姓,而在修订成文时却又避而不谈?这些问题都值得继续深究。我们姑且以其中涉及的文学史教材为例,对相关史料略作钩沉研讨。

颁行于 1904 年的《奏定中学堂章程》中列有"中国文学"科目,其中有一项课程内容要求"讲中国古今文章流别、文风盛衰之要略"。参照同时颁布的《奏定大学堂章程》,其中提到"历代文章流别(日本有《中国文学史》,可仿其意自行编纂讲授)",可知所谓"中国古今文章流别"云云实际上就是指中国文学史而言。只是国事稠浊，风雨如晦，这些规定并未真正落实。直至1912 年颁布《中学校令施行规则》，再次明确规定："国文首宜授以近世文，渐及于近古文，并文字源流、文法要略及文学史之大概。"次年发布的《中学校课程标准》也列有"中国文学史"作为课程内容。文学史由此才正式列入中学阶段的国文课程，与此相应的教材也应运而生了。

商务印书馆在 1914 年 8 月便瞄准商机，捷足先登出版了民国建立以来第一本专供中学使用的《中国文学史》，到了 11 月又推出了与之配套的《中国文学史参考书》，两书的编纂者均为时任浙江省立第一中学教员的王梦曾。这本《中国文学史》不仅在封面上印有"共和国教科书"字样，目录和正文中也都标明"中学校教科书"，处处提醒读者加以注意。版权页上还特意印有教育部的审定批词："教科书简括得要，参考书印证得宜，于学者、教者皆足资研究，应准审定，作为中学校教科书及教员参考书可也。"更是借此标榜自己符合规定，切于实用。王梦曾在《编辑大意》中也宣称："本书恪遵部定中学章程编纂，以供中学校学生之用。"还特别指出："本书共二万余言，以全年四十周计，每周约授五百言，足供一年之用。"对课时安排及讲授进度也加以说明，足见考虑极为周详。依仗商务印书馆在宣传、流通、销售等环节的高效运作，截至 1926 年，这本教材就连续印刷达二十版之多。胡适在演讲中所说的"文学史也是商务印书馆出版的"，毫无疑问正是针对此书而言。

不过稍加翻阅，就会发现此书内容颇为奇特。王梦曾在《编辑大意》中曾交代撰著的经过："编纂方法以文为主体，史学、小说、诗词、歌曲等为附庸,文字为文章之源,亦著其因革,其他经学、理学等只旁及焉。"尽管以文学作为主要论述对象,同时却又阑入"史学""文字""经学""理学"等内容,与通常的文学观念颇有扞格。在章节安排上也有所体现,如第一编《孕育时代》包括《六经之递作》和《诸子百家之朋兴》两章,内容更接近哲学史;后面的章节中还有"史家纪传体之成立""字体之变更""古史学之发明""史学之复盛""史学家之驰骛""史学家之改进"等名目,显然和文字学、史学的关系更为密切。有些章节看似专注于文学,实则内容相当驳杂,如第五十一节《记事文之就衰》有一大段评论:"南宋史学大盛,并多奇创之作。胡宏作《皇王大纪》,罗泌作《路史》,始破除尊经之成例;郑樵作《通志》,又破除断代为史之成例;而《二十略》之作,通括历代政治、学术而著之篇,尤为发前人所未发;至于朱熹因《通鉴》作《纲目》,寓以褒贬;袁枢因《通鉴》作《纪事本末》,便于记览;马贵与因唐杜佑《通典》作《通考》,广厥体例,皆特殊之著作。元以来史学衰,元人所修各史,《宋史》芜杂,《辽》《金》疏漏。明初修《元史》,尤为粗率云。"其实和文学史并无关联,更适宜放到史学史中。尽管这种庞杂的"文学"观念古已有之,在早期文学史著作中也并不鲜见,但在接受了现代西方文学观念的胡适眼中,肯定会显得大而无当,汗漫无所归依。

更令胡适产生强烈不满,以致要斥之为"荒谬"的,还有这部文学史所呈现的保守立场。对于西方文化的传入,王梦曾抱有强烈的反感和抵触,从全书结语就可见一斑:"自屈、宋开词赋之端,其传且千百年;自韩、柳开古文之端,其传亦千百年;论古文

至姚、曾，论骈文至孔、曾，论诗至沈、王，论词至张、周，取径甚
正，其兴当未有艾。乃自欧化东来，学者兼骛旁营，心以分而不
一，业以杂而不精固有之，文学致有日蹙百里之忧，是亦承学之
士矫枉过直故耳。"且不论他将文学传统的衰落归咎于"欧化东
来"，与倡导"全盘西化"的胡适早已背道而驰；即便是他如此推
崇韩愈、柳宗元、姚鼐、曾国藩之古文，孔广森、曾燠之骈文，沈德
潜、王士禛之诗，张惠言、周济之词等等，也和鼓吹文学革命的胡
适格格不入。

　　面对真正方兴未艾的白话文，王梦曾当然并不能熟视无睹。
正如他在《编辑大意》中所说的那样："凡文章、诗词、歌曲之源
流，悉博考精稽，著之于册。其有一时异制，如唐末皮、陆等之
诗，宋世白话之诗词，元世白话之文告，亦刺取其精华列入，以明
歧趋，并以博读者之趣。"尽管兼顾白话的发展递嬗，却将其视为
"歧趋"。在具体评论中也时常流露鄙夷之情，如称："自宋人为
词，间用俚语。金元以塞外蛮族入据中原，不谙文理，词人更曲
意迁就，雅俗杂陈，而曲作矣。"（第五十六节《曲之兴盛》）如此轻
慢不屑，自然和坚决捍卫白话文学的胡适势同水火。早在1917
年发表的《历史的文学观念论》（载《新青年》第三卷第三号，收入
《胡适文存》）中，胡适就大声疾呼："夫白话之文学，不足以取富
贵，不足以邀声誉，不列于文学之正宗，而卒不能废绝者，岂无故
耶？岂不以此为吾国文学趋势自然如此，故不可禁遏而日以昌
大耶？愚以深信此理，故又以为今日之文学，当以白话文学为正
宗。"日后更有《国语文学史》（北平文化学社，1927年）、《白话文
学史》（新月书店，1928年）等完全围绕白话展开论述的文学史

著。因而在演讲过程中，一向温柔敦厚的胡适竟然痛斥此书，实属事出有因，情有可原。

至于胡适在演讲时并不讳言出版这些教科书的是商务印书馆，在《新青年》上发表改定稿时却又刻意回避，则当从两者的受众、场合等环节入手进行分析。演讲的地点设在北京高等师范学校附属中学国文研究部，面对的听众应该主要是该校师生。胡适所批评的正是他们在课堂上或研究室中使用、研究的教材，因而根本不必遮遮掩掩，直陈其事反倒会引起听众的共鸣或商讨，形成很好的现场效果。在改定稿的最后，胡适曾提及"我演说之后，有许多人议论我的主张"，正说明现场效果颇佳。作为这次演讲的记录者，周予同后来撰有《中国现代教育史》（良友图书印刷公司，1935 年），在第六章《中等教育》中介绍说："各学科教授的内容，由教育最高行政机关制定教授要旨及学程标准，任各校教师按照标准选择教材。但实际上，如国文一科，教材选择的混乱，与教授方法的无标准，几令人无法形容。"他对"私人遵照政府所定标准而编纂的教科书"尤为不满，虽然这些教科书"都须呈教育部审查，审定以后，许各校自由采用"，"但实际上，私人编纂中学教科书呈部审查的很少而仍成为书贾一种营业的竞争"，其矛头所指，首当其冲的便是商务印书馆。周予同的意见虽然未必受到胡适的影响，但至少证明当年有同样观感的不乏其人。此外，即便考虑到胡适在当时的巨大号召力，可受场地条件所限，能到现场亲聆的听众人数恐怕并不会太多。他在演讲过程中兴之所至地提及商务印书馆，应该不会被广泛扩散，导致严重后果。而率先刊载演讲稿的《教育丛刊》属于高校主办的同仁刊物,发行量极为有限,同样不用顾虑会在社会上造成不良影响。

然而当胡适依据演讲内容修改文稿,并决定交由《新青年》正式发表时,需要考虑的问题就复杂得多了。从 1920 年 1 月起,《新青年》便改在上海编辑出版,而商务印书馆总馆也设于上海。以《新青年》的影响力而言,其受众数量之庞大,即便是演讲现场的听众再加上《教育丛刊》的读者,恐怕也要望尘莫及。——没过多久,《浙江教育学刊》第九期就全文转载了《新青年》上的这篇文章,足以说明其产生的巨大滚动效应。如果说此前在北京演讲时的批评还仅是"隔空喊话",未必能真正损害到商务的形象;那么在《新青年》上刊发文章时,如果依然指名道姓,则近乎"上门叫板",势必会影响到商务的声誉和业务,继而激起双方的不快甚至纷争。事实上,胡适和商务的合作交流一直非常愉快。他的《中国哲学史大纲(卷上)》就是由商务在 1919 年 2 月出版的,两个月不到又再版发行,为他在学术界赢得了极大的声誉。到了 1920 年 6 月,他又被商务礼聘为世界丛书委员(参见胡颂平编著《胡适之先生年谱长编初稿》,联经出版事业公司,1984 年)。数月之后,商务编译所所长高梦旦还专程赴京,力劝胡适辞去北大教职,转至上海主持商务的编译工作。尽管他并未接受邀请,可仍在次年 7 月赴上海商务印书馆考察,不仅提出许多具体建议,还大力举荐王云五出任编译所负责人。凡此种种,都可见胡适在此期间和商务印书馆接触之频繁及关系之融洽。在小范围的演讲中批评几句问题还不算严重,在《新青年》上撰文如果还那么直言不讳,不免有点逞一时口舌之快,最终只会得不偿失。处事历来小心谨慎的胡适,自然会就此反复斟酌衡量,审时度势地对讲稿加以删改也正在情理之中。

终其一生,胡适有不少文章都是由演讲脱胎而来。从他的立场来说,希望读者看到的当然是经过深思熟虑、再三推敲之后的最终改定稿,而非未经自己审核润饰的现场记录稿。但就读者而言,倘若能同时参酌比较前后不同的版本,则不但能了解这些文章究竟是怎样"层累地造成"的,还能够借此探察到他复杂隐微的内心世界。

胡适的"来而不往"

杨天石主编的《钱玄同日记》整理本(北京大学出版社,2014年)在1921年1月8日条有一则记载:"有一日本人,寄一本旧书来,名曰《□□□□》,□□□□时作的书,适之叫我审查何处之书,我约略看了一看,有些像南京音,然不敢断定。"据整理说明,原件即残缺不全。而另一位当事人胡适在那段时间根本没有写过日记,也无法据以考察这次中日学者交流的详情。不过仔细钩沉相关线索,仍能对此做一番补苴罅漏。

钱玄同所说的"日本人",就是日后在京都学派中赫赫有名,而当时还在同志社大学任教的青木正儿。青木在1920年9月与小岛祐马、本田成之共同创办《支那学》杂志。从创刊号开始,青木分三期发表了《以胡适为中心的文学革命》,介绍方兴未艾的中国新文化运动。随后他又特意向胡适寄呈《支那学》请教,双方由此展开颇为频繁的交往。

胡适此时刚写完《〈水浒传〉考证》(收入《胡适文存》一集,亚东图书馆,1921年),详细考察其成书过程,可是手头仅有金圣叹批七十回本《水浒传》,未能充分施展,难免意犹未尽。青木在来信中恰好提到其师狩野直喜曾"把元曲的水浒传说比较小说《水浒》,他的结论以《水浒》为明初的,今先生降之明中叶,盖同工异曲"(1920年11月20日致胡适,载耿云志主编《胡适遗稿及秘藏书信》第四十二册《胡适书信·外国学者致胡适信》,黄山书社,1994年。以下引青木信函均据此书),立即引起胡适极大的关注,在回信时特意拜托:"先生前函曾提及令师狩野先生的《水浒考》,又蒙先生许我搜求登载此文的《艺文》杂志。此文我极想拜读一遍,若蒙先生代觅得那一号《艺文》,千万寄我一看!"(1920年12月14日致青木正儿,载张小钢编注《青木正儿家藏中国近代名人尺牍》,大象出版社,2011年。以下引胡适信函均据此书)

青木在回复时除了应允代为查找狩野的论文外,也用略显生硬的汉语向胡适提出请求:"最后我也有要请先生帮忙一件,不知可以吗? 日本正德、享保时(自康熙末年至雍正),有一位研究支那白话文学的先觉者,姓冈嶋,名璞,字玉成,号冠山;他观了许多小说,极精通了白话。我要做他的小传,略考一考了;只有一点未能论断的——即他学的中国话是什么乡土的方言? 据他的语学书,入声完全存在,又把北音 ch 他做了 k。……所以我知得这是南方的,可是定不得是何州的。(我想是杭州若南京音。)他的支那语学书有九种,我见得的四种,所藏的三种。……我别寄先生《唐语便用》六卷之内二本看一看,先生若替我查一查这书的口音,幸亏赐教,我就感激极了。"(1920年12月25日致胡适)一个月后,胡适在给青木的回信中提到:"冈鸣璞的《唐语便用》二本,我已转请钱玄同先生拿去察看,不久他定有报告。"(1921年1月24日致青木正儿)

　　披览胡适与青木的往来信函,不难推知钱玄同在日记中所提到的"旧书",应该就是指那套《唐语便用》。胡适将查考的任务转托给他,一方面固然是因其精研声韵之学,考察这类问题无疑是当行出色;另一方面则因他早年留学东瀛,通晓日语,在查考这部用日语片假名注释的汉语教材时自然更能游刃有余。而胡适本人则对日语不甚了了,从他一开始居然将青木依照日语习惯书写的"冈嶋"错认为"冈鸣"——在此后的通信中才改正为"冈岛"——便可见一斑。

　　不过钱玄同并未对胡适的郑重托付多加措意,只是漫不经心地提了句"有些像南京音,然不敢断定",几乎就是在重复青木的推测。倒是胡适相当敏锐,因为青木在来信中还附带提及冈岛璞的著述,"其他还有《忠义水浒传》二卷,自第一回至第十回,附训点刊布;《通俗忠义水浒传》七十卷,把圣叹百回本完全翻译"云云,他立即在回信时仔细询问前者的相关情况:"此本是否圣叹批本?若是明本百回本的前十回,我极想得着一部。不知能求得着吗?明代之《忠义水浒传》(百回本)不知在日本尚可购买吗?如能购得,我极愿买一部。"(1921年1月24日致青木正儿)青木不负所托,当即寄赠冈岛璞训点本《忠义水浒传》。而胡适在复函答谢之际,又进一步希望对方能为自己继续查访相关资料:"你许我抄录京都府立图书馆的百二十回本《水浒全书》的目录、凡例等,感谢,感谢!此事不必急,且等你有闲暇时再做。但我盼望你托你相熟的书店去替我访求一部百二十回本的《水浒全书》。此书既然内阁文库与京都府立图书馆皆有收藏,大概尚不难寻访。此本(百二十回本)虽不如百回本之重要,但必是狠有用的参考材料。……《水浒》的时代的考定,乃是中国近世文学史上一个重要问题,故我不惜多费时力和精力,务期做一个可靠的考证。"(1921年2月8日致青木正儿)尽管措辞非常客套,但急切之情仍跃然纸上。或许是由于一直没有收到钱玄同的审查结论,让他在求助时颇觉尴尬,为此也在信中深表歉意:"冈岛璞的书,钱玄同先生因新近死了一个儿子,又病了一个儿子,心境不佳,故至今还不曾研究完毕,请你原谅他。"说的当然是实情,不过钱玄同此时正热衷于倡导废除汉字,即便阖府安康,对日本的汉语教材恐怕也不会有什么兴趣去一探究竟。

胡适所需的百二十回本《水浒全传》,其实极难访求。青木后来对他说:"京都帝国大学支那文学研究室十数年来访求这书,而至今还搜得不出。……京都府立图书馆是偶然访求得的,君山老师也久所羡望的。可是你不必失望,冀假我若干的时期,我誓替你访出来!"(1921年2月17日致胡适)他言出必践,在回信后的第五天,即2月23日,就先到图书馆详细摘录百二十回本的小引、发凡和目录等内容,悉数寄给胡适;随后又奉上冈岛璞日译七十回本《忠义水浒传》。在陆续收到这些资料后,胡适由衷地感激道:"我想先把所有的各本《水浒传》序例与回目,排列作一个比较表,然后寻出各本的先后与来历。这篇'新考证'若做得成,差不多全是你的帮助的结果。"(1921年5月19日致青木正儿)这篇酝酿中的"新考证"就是一个月后脱稿的《〈水浒传〉后考》(收入《胡适文存》一集)。在这篇论文中,胡适逐一介绍不少新见版本,第一种就是百回本《忠义水浒传》的前十回,"这十回是我的朋友青木正儿先生送我的";第二种则是冈岛璞日译本《忠义水浒传》，同样来自青木的馈赠；"此外，还有两种版本，我自己虽不曾见着，幸蒙青木正儿先生替我钞得回目和序例"，仍然离不开青木的帮助；最后还述及由青木提供的狩野直喜的论文《水浒传与支那戏曲》，称其"结论也和我的《〈水浒传〉考证》的结论相同"。显而易见，如果没有青木的热情慷慨，胡适的这篇"新考证"简直难以着笔。

青木曾向胡适介绍过自己的研究计划："我此时要做《日本文学史上的水浒》一篇小论。……那《水浒》不但是中国文学史上重要的作品，并且在日本文学史上影响狠多了；而这个现象的起点是那冈岛的译本，一出此书，多数翻案（脱胎于《水浒》）的小说追从来了。"（1921年4月8日致胡适）因而在双方的切磋中也获益匪浅，但在他随后发表的《冈岛冠山与支那白话文学》中并没能通过胡适解决冈岛璞所习汉语语音的问题。胡适在《〈水浒传〉后考》的最后曾大发感慨："我为了这部《水浒传》，做了四五万字的考证，我知道一定有人笑我太不爱惜精神与时间了。但我自己觉得，我在《水浒传》上面花费了这点精力与日力是很值得的。……我这几篇小说考证里的结论也许都是错的，但我自信我这一点研究的态度是绝不会错的。"在和青木正儿的交流中，胡适或许还不免会遭到"来而不往"的讥笑，不过其中所体现的"研究的态度"确实令人叹服不已。

【附记】

本文发表后，偶阅曹伯言整理《胡适日记全编》（安徽教育出版社，2001年），其中1921年5月19日条云："青木正儿先生送我一部冈岛璞译的《忠义水浒传》。此系根据百回本的《忠义水浒传》作底本的。百回本既不易得，此本可以考见百回本的内容，故很可宝贵。此本是明治四十年东京共同社出版会社印的。……冈岛有两种《水浒传》。一种为《通俗水浒传》，即此本。一种为'句读旁译'的《忠义水浒传》原本，据《玄同放言》，此种享保十三年正月刻第一回至第十回（此本青木先生亦送我一部），宝历九年己卯五月刻第十一回至二十回（此本我未见，青木先生亦未见）。"所述内容可与本文参看。

胡适的"闭门造车"

班固《汉书》旧注中原有"臣瓒"一家,自南朝刘宋以来,就已"莫知氏姓"(裴骃《史记集解序》)。虽然相继出现过"于瓒""干瓒""薛瓒""傅瓒""王瓒""裴瓒"等诸多说法,却都未能令人彻底信服。1959年3月至5月间,胡适特地撰写《注〈汉书〉的薛瓒》(载1960年台湾《清华学报》新二卷第一期),在仔细排查相关史料后提到:"我个人深信郦道元《水经注》里十几次明白清楚的说的薛瓒注《汉书》是毫无可疑的。"为了证实自己的想法,他仔细统计出"郦道元在《水经注》引用薛瓒的《汉书注》,总共有十九次",并从中择取最有代表性的十二则,与裴骃《史记集解》、颜师古《汉书注》、孔颖达《左传正义》和张守节《史记正义》等典籍中所引"臣瓒"的《汉书》注语逐一比对,最后得出结论:"我们不能不承认诸家古注称引的'臣瓒'毫无可疑的就是郦道元《水经注》里称引的薛瓒。"他还特别指出:"三百多年来整理《水经注》的学者,如何焯、赵一清、全祖望、戴震诸公,都没有注意到郦道元在《水经注》里引薛瓒的《汉书》注有近二十次之多。近代的王先谦有《汉书补注》,又有《合校水经注》,这两部大书里都没有指出这个应该引起他注意的问题。"对前代学者的疏忽大意深致叹惋。

为了这篇约两万言的长文,年届七旬的胡适着实费了不少精力。据其晚年的秘书胡颂平回忆,他曾"将刚写好《注〈汉书〉的薛瓒》一文的上篇给胡颂平先看,同时指着堆满书桌上的书籍说:'我借来这么多的书,都是为写头一段。'胡颂平问:'有没有什么需要我帮先生翻翻的吗?'先生说:'作研究工作决不能由别人代查的,就是别人代为查出来,还是要自己来校对一遍。'于是指出有关这借来几种著作的抄写和影印的错误之处。又说:'凡写文章,一定要查原书。为了头一段,我已费了几天工夫了。'"(《胡适之先生晚年谈话录》1959 年 3 月 30 日条,联经出版事业公司,1984 年)胡适在文中还意味深长地强调:"我这个考证方法诚然是很笨又很浅的方法,但是一千四百多年以来,许多绝顶聪明的学人,就因为他们不屑做这一点很笨又很浅的工夫,所以到今天还不相信郦道元《水经注》里清清楚楚的说了十八九遍的薛瓒就是他们胡猜了一千几百年还不知氏姓的'臣瓒'! 所以我觉得这一点笨工夫到今天还是值得做的,还是应该有人做的。"貌似自谦,实为自得。他甚至不无自负地说:"《水经注》不熟的,也不能作这篇考证文章。"(胡颂平《胡适之先生年谱长编初稿》1959 年 5 月 15 日条,联经出版事业公司,1990 年)一语道破撰作此文颇得益于他多年来所肆力的《水经注》研究。

熟悉《水经注》的学者当然并不只有胡适一人,按理旁人应该也能作此类考证。事实也正是如此,早在胡适殚精竭虑地考证"臣瓒"究竟为何许人也的二十多年前,和他曾同在北京大学任教的孟森就已得出同样的结论,而且采取的也恰是那种"很笨又很浅的方法"。素以治明清史著称的孟森，晚年也涉足《水经注》研究，只可惜未及充分施展其才学，便于 1938 年初病逝。1941 年的《责善》半月刊第一卷第二十一期刊登了孟氏的遗作《臣瓒考》，文中述及："《水经注》引薛瓒之《汉书集注》乃有原文可核，检《汉书》中引臣瓒之文，与此相对照，是否同符，则臣瓒之能否姓薛，即已立判。"他接着也同样"取《水经注》中薛瓒之说，一一与《史》《汉》臣瓒之说相对照"，虽然比勘检核的内容只有五组，可其中有两组却是后来胡适因为"懒得写"(《胡适之先生年谱长编初稿》1959 年 5 月 15 日条)而未予讨论过的。孟森最终认定："凡《水经注》全书，引薛瓒者尚多，今随意检出数条，无不与《史》《汉》臣瓒注合，则安得不以臣瓒为即薛瓒乎!"显而易见，胡适日后所得结论乃至研究方法都与孟氏并无二致，虽然用来比对分析的例证更为丰富，但也仅是数量上的叠加，并无性质上的差异。

在考证"臣瓒"姓氏时，孟、胡两位可谓不谋而合，但在研讨《水经注》的过程中，双方却是意见相左。乾嘉朴学巨擘戴震曾入四库馆校理《水经注》，其间是否利用职权将他人成果窃为己有，一直以来都聚讼纷纭。晚近以来，王国维、孟森等学者也加入了这场论争，且均指证戴氏抄袭一事确凿无疑。在最初读到孟森的论文时，胡适曾说："我读心史两篇文字，觉得此案似是已定之罪案，东原作伪似无可疑。古人说，吾爱吾师，吾尤爱真理。东原是绝顶聪明人，其治学成绩确有甚可佩服之处，其思想之透辟也是三百年中数一数二的巨人。但聪明人滥用其聪明，取巧而讳其所自出，以为天下后世皆可欺，而不料世人可欺于一时，终不可欺于永久也。"(1937 年 1 月 19 日《致魏建功》,载耿云志、欧阳哲生编《胡适书信集》,北京大学出版社,1996 年)可见他对孟氏所论颇为赞同。孰料仅隔数年,他便出于为乡贤打抱不平的心理,转而为戴震辩诬正名。立场改变之后,他对孟森等人的评价也急转直下,乃至指责他们"都大动了火气,故'痰迷了心窍',不能平心静气看事实了","心史先生的四篇文字都是火气冲人,其实都犯不能和、缓的二病。这些文字发表的都太匆匆,其中漏洞百出"(1944 年 1 月 7 日《致王重民》,载耿云志、欧阳哲生编《胡适书信集》)。直到动笔撰写《注〈汉书〉的薛瓒》的两年前,他依然直言不讳道:"我最佩服的两位近代学者,王国维先生和孟森先生,他们研究史学,曾有很大的成就,但他们晚年写了许多关于'《水经注》疑案'的文字,却不免得了'正谊的火气',所以都陷入了很幼稚的错误,其结果竟至于诬告古人作贼,而自以为主持'正谊'。毫无真实证据,而自以为是做'考据'!"(1957 年 5 月 2 日《复陈之藩》,载耿云志、欧阳哲生编《胡适书信集》)不但态度与早先判若天壤,而且言辞也相当激烈,平日的温柔敦厚业已荡然无存。

在给朋友的书信中,胡适还曾借这桩公案来阐述自己的治学心得:"昨书说王静安、孟心史皆不曾费充分的时间研究'《水经》公案',至今思之,尚以为公平忠厚之论。……我到中年以后,才知'勤、谨、和、缓'四字之中,'缓'字最难。'缓'字包含时间。不肯多费时间,则不能勤,亦不能谨也。"(1944 年 3 月 23 日《致王重民》,载耿云志、欧阳哲生编《胡适书信集》)提倡在研究中应当从容不迫,既不能急于立论,也不要忙于发表。所言虽极是,但即便是他本人,恐怕也是知易行难。

就在《注〈汉书〉的薛瓒》脱稿之际,杨联陞便善意地提醒他:"不知您要不要在文后提一下,就是朱希祖先生曾发表《臣瓒姓氏考》一文,主张是晋人裴瓒,我未见此文,但从朱偰的《先君逷先先生在史学上之贡献》(大意,见《东方杂志》)知其大旨。"(1959 年 7 月 7 日《致胡适》,载胡适纪念馆编《论学谈诗二十年:胡适杨联陞往来书札》,安徽教育出版社,2001 年)朱希祖力主"臣瓒"当为"裴瓒",还征引过孟森的论文以作批驳。可惜胡适似乎没有把此事放在心上,并未"平心静气""多费时间"去查证朱氏的异己之论,就此白白错失获知孟森《臣瓒考》的机会。尽管他最终的结论与孟氏相同,只能算是"闭门造车,出门合辙",不能率尔归诸"聪明人滥用其聪明,取巧而讳其所自出"之列,但毕竟已经晚了至少二十年。而在不了解事情原委的人看来,胡适大概也会像他为之辩护的戴震一样,难逃攘夺他人成果的嫌疑,这恐怕是他始料未及的事情吧。

洪业的"愚不可及"

　　为了考察历来颇存歧见的《汉书》旧注中"臣瓒"的姓氏，胡适晚年专门撰写《注〈汉书〉的薛瓒》（载1960年台湾《清华学报》新二卷第一期），通过比对《水经注》所引薛瓒《汉书注》与其他典籍所存的"臣瓒"注语，认定"臣瓒"就是薛瓒。他在文章最后特别提到："1959年5月15日早晨两点半写完，今天是我的孙子仔仔的四岁生日，我把这篇论文献给《清华学报》，祝贺梅月涵先生七十岁生日。我盼望我的孙子也能像我老朋友一样的长寿。"既借以庆祝孙辈的生日，又用作老友梅贻琦寿辰的贺礼，显然对自己的论文相当满意。

　　将近两个月后，认真绎读完文稿的杨联陞致信胡适，在对其新作称赞之余，也善意地提醒道："还有一事，不知您要不要在文后提一下，就是朱希祖先生曾发表《臣瓒姓氏考》一文，主张是晋人裴瓒，我未见此文，但从朱偰的《先君逖先先生在史学上之贡献》（大意，见《东方杂志》）知其大旨，洪煨莲先生也曾钩稽史料中关于裴瓒的记载，以为尚应存疑。洪先生的意见，已由罗香林在香港某刊物印出（原是一封长信），洪先生说，他可以抄一份寄给您，想必已经收到了。"（1959年7月7日《致胡适》，收入胡适纪念馆编《论学谈诗二十年：胡适杨联陞往来书札》，安徽教育出版社，2001年）不过，论文旋即在次年5月台湾《清华学报》上发表，胡适似乎并未特意去查阅持不同观点的朱希祖之文，对洪业抄寄的意见也没有任何回应，或许是对自己的结论极为自信，也有可能考证"臣瓒"毕竟只是他晚年倾注心力研治《水经注》过程中的一个小插曲，犯不着在这个枝节问题上多耗精力。

朱希祖的论文流布未广，知者寥寥。虽然杨联陞声称是从其哲嗣朱偰那里获知相关内容，但最初恐怕是从同在哈佛任教的洪业口中辗转听闻到的。洪业在1961年冬撰写《再论臣瓒》（载1962年台湾《清华学报》新三卷第一期，收入《洪业论学集》，中华书局，1981年），文中提到："北京大学教授朱希祖遏先先生之《臣瓒姓氏考》，文载于民国三十五年五月所出版之《中国史学》第一期。业寻觅此文，久未能得；但于遏先先生之公子朱偰伯商先生所作《先君遏先先生对于史学之贡献》文中，窥其一斑。"又说自己在1957年"丁酉仲冬，业有一函致遏先先生之婿香港大学教授罗香林先生"，目的即为探访此文下落，并对其说予以商讨。此函当即杨联陞所述"原是一封长信"的"洪先生的意见"。

洪业的这封长信，经由罗香林介绍，于1958年2月15日在香港出版的《自由人》上发表。洪氏在《再论臣瓒》中又节引过主要内容，其中述及："遏先先生之《臣瓒姓氏考》一文，未蒙赐寄。想邮架上，或亦尚阙其篇。秋中晤李济之先生云：历史语言研究所当有《中国史学》第一期。周法高先生遂函台北，托所中同仁代钞。今已得覆,则所中亦无其书。嗟夫哲人已去,欲读其文之难也如此!"可知此前他已经相继得到李济、周法高等学界同仁的帮助,或指示线索,或查访原书,可惜最终依然无功而返。因为罗香林既是自己在燕京大学指导过的学生,又与朱希祖有翁婿之谊,还曾编纂过《海盐朱遏先先生著作目录》,所以洪业才会动念去信探问。细审所言"未蒙赐寄"云云,可知他此前应该已经去信索要过此文,但因罗氏迁延未复,这才再次致函询问。他原以为这次应能如愿以偿,没料到结果仍未顺遂人意。在 1958 年 2 月 22 日的回信中,罗香林满怀歉意地说:"煨莲教授吾师道席:前奉一月八日大谕,敬讯起居万福为慰。⋯⋯先外舅朱遏先先生《臣瓒姓氏考》原作,香港竟不可见。伯商兄处(在南京),又不便通讯。是以迟迟无以报命。"(《与洪煨莲教授论臣瓒姓氏问题书》,收入广东省立中山图书馆、香港大学冯平山图书馆编《罗香林论学书札》,广东人民出版社,2009 年)罗香林之所以"迟迟无以报命",实属迫不得已——不但自己在香港遍觅此文无着,远在南京的妻兄朱偰也在前一年的反右运动中因为曾经訾议拆毁南京旧城墙而被打入另册,根本无法联络求取。而在尚未得到罗氏的确切回复之前,洪业已经采取了权宜之计,正如其信中所言,"今从伯商先生所撮述于《东方杂志》卷四十期十六(民国三十五年八月)中者,稍事钩稽"。查考的结果则对朱希祖的结论颇有质疑,"恐臣瓒为裴瓒之说,实亦未可坚持",因为依据现存史料,"傅瓒之名为最早见","裴瓒之说,反为最弱"。罗香林在回信中并没有站在岳父的一边:"鄙意臣瓒问题,如无新得确证,仍以吾师所示之傅瓒当之为宜。"完全赞同老师的推论。

洪业并未就此放弃对"臣瓒"的关注,在读到胡适所撰《注〈汉书〉的薛瓒》之后,他再次梳理相关线索,着手撰写《再论臣瓒》。他在文中虽然称许胡适"治学精密,远胜前修",而自愧"卤莽灭裂,有负古人",但因为"近日以重理《史通》所说《汉书》注解二十五家之问题,遂再细读适之先生之文,复稍翻检旧籍,乃觉臣瓒为薛瓒之说,尚有可商榷者三端。谨条列之,以就正于适之先生暨其他大雅弘达之士焉"。最后的结论则是"窃谓臣瓒之姓为傅、为王、为裴、为于、为干、为薛,皆尚只可存疑,不宜固定。盖查无实据,史有阙文。不知为不知,犹是之谓欤?"认为包括胡适所主的"薛瓒"说、朱希祖所持的"裴瓒"说,乃至自己先前所倾向的"傅瓒"说在内的历代诸多意见其实都不能完全证实,对此只能持多闻阙疑、慎言其余的态度。

《再论臣瓒》发表在1962年5月出版的《清华学报》上,胡适已在两个多月前猝然离世。看罢校样后,洪业写下一行附记:"台北寄到校样,而适之先生亦已长逝矣。一弹指间,山颓梁坏。存没呜呼,不禁泪下。"疑义无从相与论析,不胜人琴俱亡之感。依照常理,这场争论也该就此画上句号,不过洪业仍然没有停止对相关线索的追查。同年7月18日,他又有一封致罗香林的信,说道:"承寄遏先先生《臣瓒姓氏考》钞本,此文盖业十数年来所冥想渴求而未能得者,一旦展读,大有旨酒丰殽、醉饱拜嘉之况矣。伯商先生处亦乞代表谢忱为荷。"(《复罗香林书》,载《罗香林论学书札》)北京中华书局在1959年时曾"有汇印朱希祖文稿之议,并委请其长子朱偰负责整理相关著作,拟陆续出版"(中华书局编辑部《〈朱希祖文集〉出版说明》,中华书局,2012年)。

想必朱偰正是借此机会搜集到《臣瓒姓氏考》，并通过罗香林将抄录的副本转呈洪业。历经多年波折，洪业终于得偿夙愿。尽管自己的论文早已正式发表，他还是仔细考校朱氏立说的详细经过，进一步确定自己先前的判断并无问题，同时也对朱氏的疏失深表同情之了解："昔者抗战仓皇，行箧难容万轴，一时偶失检寻，不足以为渊雅病也。"随后又提到："去岁秋杪尝草《再论臣瓒》一稿，寄投《清华学报》，甚望适之先生看后示教。数月前排印校样，由台北邮至时，适之先生已长逝矣，不禁一恸。"（《复罗香林书》，载《罗香林论学书札》）再次对胡适的离世深表痛惜，而他漫长的考索研讨至此也总算告终。

综观洪业考察"臣瓒"姓氏问题的始末，最初起源于研究《史通》时所产生的疑惑，不免有舍本逐末之嫌，而且选题也毫无独家原创可言，费尽心思追查多年的线索其实无关宏旨，反复推敲斟酌的最终结果居然是无法定论。倘若参酌如今的考核标准来衡量，无疑是事倍功半、得不偿失的不智之举，必为今日之大家宿儒所不取。不过若要让他遵照时下的科研要求，多快好省地出所谓的精品力作，恐怕也是他所不屑的。古语所云"其知可及也，其愚不可及"，殆是之谓乎？

闲中着色的意味

　　1953 年二三月间，客居美国的洪业应好友柯立夫（Francis Cleaves）之邀，在哈佛大学远东语言系的《史记》课上接连做了三次演讲。油印的英文讲稿在尘封了数十载后，终于由童元方译为中文。凭借出众的演讲才能和渊博的专业知识，洪业的表现自然是驾轻就熟，当行出色的。不过台下的听众毕竟都只是些初窥汉学门径的外国学生，为了避免艰深乏味，难免要穿插一些轻松的题外话。而恰如译者所说："他是太喜欢借题发挥了，以至于欲罢不能，越出题外。但一路看下来，似乎从平淡中常见新奇。"（《洪业教授及其史记三讲》，载《传记文学》第三十五卷第四期，收入童元方《一样花开：哈佛十年散记》，黄山书社，2009 年）仔细寻绎那些闲中着色的只言片语，确实别有一番特殊的意味。

　　比如在第二次演讲时，洪业特地开列了"研究《史记》最重要的一份目录"，并逐一予以品评。在现代学者中，他如数家珍般介绍了沙畹（Edouard Chavannes）、王国维、桑原骘藏、泷川龟太郎、颜复礼（Fritz Jäger）等名家，随后突然说道："在这以后，就没有什么人再对《史记》做出重要的贡献了，除了杨明照。"1909 年出生的杨明照,当时不过四十出头,到底凭什么受此青睐,得与诸多前辈并驾齐驱?说来其实也很简单,就因为他在 1939 年出版的《燕京学报》第二十六期上发表了一篇《太史公书称史记考》。洪业对这篇论文赞不绝口:"杨明照是燕京大学的研究生。《太史公书》何时改称《史记》这一问题,是他论文的主要内容。……《太史公书》究竟何时改称《史记》这一问题,几世纪来一直诸说纷纭,猜测无数。现在我们要感谢杨明照。他费了一年多的时间,考订了几个世纪的史料,最后作出了这样的结论:后汉结束前的灵、献之世,迁书始名《史记》。杨明照提出来的最重要的证据是引自《隶释》的一段碑文。《隶释》实际上是我的太太太……叔祖——宋朝的洪适,集两汉的碑文以成书的。"说到兴头上,居然还信手拈来提及自己的先祖。即便现在的读者只能面对白纸黑字,也完全能够想象出洪业当日意兴盎然、任意挥洒的神采。虽然正是寒风料峭的时节,可在那一刻想必满室皆是春意。

　　洪业的评介并非仅有褒赞,随后又卖起关子说:"他几乎搜全了所有相关的论证,唯一漏掉的一条,我等一下会补充说明。"几分钟后终于"图穷匕见":"我很欣赏杨明照的论文,但是并不十分同意杨明照的结论。……因为我无意间发现了一段很有意思的文字,出在《晋书》八十八《孝友列传》——孝友刘殷的部分。……他对其中一个儿子说,你读《汉书》;又对另一个儿子说,你读《太史公书》。这段文字证实了至迟在四世纪后半,司马迁的著作仍以《太史公书》一名行于世。……所以我们大致可以说,'史记'一词是在五世纪初期完全成为迁书的专名的。"正因为有了这最后的批评补充，前面的揄扬称许才显得格外真诚恳切，而绝不是信口开河或虚应故事。

从1936年秋考入燕京大学研究院，至1939年夏毕业留校，杨明照在短短三年的求学生涯中创获颇丰，连续在燕京大学主办的《燕京学报》和《文学年报》上发表了十余篇论文。仅以前者所载为例，除《太史公书称史记考》外，还有《庄子校证》《双剑誃荀子新证评》《吕氏春秋校证》《书余嘉锡四库提要辨证后》《评开明书店版范文澜文心雕龙注》《书铃木虎雄黄叔琳本文心雕龙校勘记后》等，有时甚至在同一期刊物上发表两篇论文。其卓越的学术研究能力固然让人惊叹不已，而更使今人难以置信的则是《燕京学报》竟然可以如此频繁地刊登在读研究生的论文——要知道当年的燕京可是名副其实的世界一流大学。无怪乎杨明照直至晚年仍感念不已地说："燕京大学对我的一生影响非常大，《燕京学报》《文学年报》作为学术的园地，使我从中学就准备起的论文得以一一发表。"（王京州《弢甫先生晚年言谈录》，载曹顺庆主编《文心永寄——杨明照先生纪念文集》，巴蜀书社，2007年）作为燕京大学的创建者和《燕京学报》的创办者，洪业在演讲中特别强调杨明照是燕京大学的研究生，而其论文正发表在《燕京学报》上，内心深处必定充满着欣慰和骄傲。

不过据目前所见到的史料，身为历史系教授的洪业与国文系研究生杨明照似乎并没有什么直接交往。读研期间，杨明照过从甚密的历史系教授大概只有顾颉刚。他不仅选修过顾氏开设的"春秋史"课程，还在课余请益求教，在燕京发表的第一篇论文《春秋左氏传君子曰征辞》（载1937年《文学年报》第三期）的附记中就提到："余草就此文，几三载矣。今年秋，质正于燕京大学研究院顾颉刚先生。"但顾颉刚对他评价却不高，私下在日记中说："燕大选课学生，以解树基为最聪敏，次则王伊同、王锺翰、赵宗复、刘元猛等，又次则陆锡麟、杨明照、王怀中等。"（《顾颉刚日记》1937 年 1 月 12 日条，联经出版事业公司，2007 年）留校任教后，杨明照与另一位历史系教授邓之诚也往来频繁。在邓氏日记中屡见"晨访杨明照"（邓瑞整理《邓之诚文史札记》1942 年 12 月 1 日、1943 年 1 月 13 日条，凤凰出版社，2012 年）、"杨明照来"（1943 年 1 月 1 日、2 月 14 日条）、"招杨明照来谈"（1943 年 1 月 4 日、1 月 21 日、2 月 11 日条）一类记载，偶尔也对其治学情况略作评骘，例如提到其所校《抱朴子》，"泛引诸类书及《本草》，较继昌校本多出若干，但亦有不能尽者，以此知此事之难且无益"（1942 年 12 月 29 日条），似乎不无微词。由此想来，无论是顾颉刚还是邓之诚，大概都不曾向洪业郑重推荐过这位晚生后辈。

洪业对杨明照格外器重恐怕主要缘于学术研究而非私人交谊，正应了"君子之交淡如水"的古语。洪业在 1937 年 11 月撰写《春秋经传引得序》（载 1937 年《史学年报》第二卷第四期），其中一部分涉及秦汉之际有关九鼎下落的传说，最后引俞樾《湖楼笔谈》中的议论作结。而杨明照于次年在燕京大学主办的《文学年报》第四期上发表《九鼎考略》，对其始末原委做了更为细致的梳理，除俞樾外，还逐录王充、苏轼、程大昌、洪迈、陈霆、杨慎、沈钦韩等诸家评说以供参证。洪业治学素来强调对史料竭泽而渔，这篇论文无疑会令他对杨氏刮目相看。至于杨明照后来发表的《史通通释补》（载 1940 年《文学年报》第六期），早有计划重新校注《史通》的洪业当然更不会忽略。在演讲中，洪业提到杨氏撰写论文"费了一年多的时间"，不经意间正透露出他对杨氏平时的研究进程极为关注。

陈毓贤在《洪业传》（商务印书馆，2013年）中说："对特别可造就的学生，洪业则鼓励他们学习外语，帮助他们出国深造。"而据杨明聪《怀念胞兄杨明照》（载曹顺庆主编《文心永寄——杨明照先生纪念文集》）回忆，杨明照在燕京就读期间，曾被教务长司徒雷登招去，"原来学校对他出色的学习和研究能力非常赞赏，特别给他颁发了一把'金钥匙'，以资表彰。……后来司徒雷登准备让四哥去美国深造，但是鉴于当时国难当头，四哥又不愿意，最终还是放弃了这个机会"。在做这些决定前，司徒雷登应该征询过时任研究院文科主任的洪业的意见，甚或就是出于洪业的大力举荐。尽管杨明照最终没能赴美留学，但洪业显然对他印象深刻，在哈佛演讲时仍然不忘逢人说项。

洪门弟子如刘子健、王锺翰、翁独健、周一良等都撰文表彰过洪业在培养人才方面所做出的巨大贡献，但提到的都是他在历史系提携培养起来的诸多名家，并无人言及他对历史系以外的年轻学子也有过这样的垂青和推许，作为当事人的杨明照或许也未必有所了解。《宋史》中称赞欧阳修"奖掖后进，如恐不及，赏识之下，率为闻人"，将这十六个字移来评价洪业，无疑是恰如其分的。

陈毓贤著《洪业传》三题

"求温饱"与"寄心迹"

1926 年,刚从北京大学研究所毕业的容庚就被洪业聘为燕京大学襄教授,次年又出任洪氏创办的《燕京学报》编委会主任,其后有不少研究成果陆续发表在这份学报上。其妹容媛也长期担任哈佛燕京学社秘书一职,并参与洪业主持的引得编纂工作。凡此种种,均可见洪、容两人关系密切。自 1942 年 4 月起,容庚转至由日军控制的北京大学任教。抗战胜利后即被视为汉奸而遭到解聘,虽曾有公开信自陈原委(见中国社会科学近代史研究所中华民国史组编《胡适来往书信选》1946 年部分所附容庚致傅斯年公开信,中华书局,1979 年),但也于事无补。据陈毓贤《洪业传》(商务印书馆,2013 年)所述,在战后燕京大学复校之时,洪业曾希望这位和自己渊源颇深的古文字专家重返校园,并为此据理力争,"说容庚一向在抗日运动里很活跃,很多教授都在他办的爱国杂志《火把》里投过稿,他在北大教书只为求温饱"(第十八章《抗日胜利》)。不过那段经历显然已经造成了极大的负面影响,导致洪业的努力斡旋最终以失败告终。复职未果之后,容庚不得不离开北平,辗转至广州中山大学谋职。

容庚本人过后对这段经历尽可能避而不谈,只在 20 世纪 50 年代初所撰《论〈列朝诗集〉与〈明诗综〉》(载 1950 年《岭南学报》第十一卷第一期)中,通过考察钱谦益、朱彝尊两人所编明诗总集的渊源始末及得失优劣,着力表彰"钱氏选诗,隐寓愤时之志,大体上有托而为,以寄心迹"时,才隐约透露出内心的愤懑抑郁之情。而其亲友门生则竭力为他在抗战中的表现辩解,最典型的莫过于其弟容肇祖所言:"容庚热爱祖国,他对日寇侵略我东北,而当时当局又采取不抵抗主义,节节败退,十分愤恨。燕京大学学生组织燕京大学抗日救国委员会,容庚积极支持,他和郑振铎被聘为顾问。在他指导下,编了一本小册子《九·一八事变记》,分送海外同胞,激发了华侨的爱国热忱。他又发动十大教授募捐,支援救国运动,并主编《火把》白话报通俗刊物,带头为刊物写文章,唤起群众爱国热情。……在抗战八年的岁月里,在敌伪铁蹄的统治下,他无时不在渴望转移至西南大后方。他儿女幼小众多,经济困难且南下的交通阻塞,但是这些都不是他考虑中的主要问题。最使他难以割舍的,是他的事业上有关的研究资料,他的未完成的著作草稿、珍贵书籍、古物无法转移和保存,这些是他的事业基础。他说:'我什么痛苦都可忍受,可是不能没有事业。'他不能抛弃这批珍贵的古铜器,这是国家的宝藏,他认为决不能由他丢失。为了保全祖国文化、历史稀有的珍品,他压抑着受屈辱的民族自尊心,忍受着沦陷耻辱,留在北平。"(《容庚传》,载东莞市政协编《容庚容肇祖学记》,广东人民出版社,2004年)一方面指出他在滞留期间始终没有放弃对日本入侵者的顽强抵抗;另一方面则强调其滞留北平并非由于家庭负累或路途艰险,而是无法割舍念兹在兹的研究事业,为了保护诸多国宝重器而不得不委曲求全。毫无疑问,这番话基本上也可以视作容庚的自我辩解。

　　随着洪业于1946年远赴美国,容庚也就此彻底退出洪氏的交游圈,在《洪业传》之后的篇章里没有留下任何相关的记录。对于洪业当年施以援手,容庚究竟持何种态度,颇令人感到好奇。容庚晚年指导的研究生马国权在无意间提到一件逸事,甚是耐人寻味。他说:"记得20世纪70年代中,有位备受统战的美籍华裔学者来到广州中山大学,拜访和宴请先生及另一位教授,随后提请两位就她的著作撰写题词。另一位教授美言一番题写了,但容先生觉得她的著作立论不当,只愿由他作东回请宴席,却不肯作违背良心的题句,而他当时并未获'解放',处境还十分不利呢!"(《容庚先生的生平和学术成就》,载1996年《燕京学报》新2期)联系到陈毓贤在《〈洪业传〉再版自序》中提到的相关内容:"1980年外国个人旅游仍未开放,探亲是可以的,我和住在广东中山的老姨婆联络上了,朗诺便以'侨眷'身份和我一起去。"两者相互对照,尽管由于时间久远而使记忆略有疏失,但马国权未曾指名道姓的"备受统战的美籍华裔学者",毫无疑问说的就是陈毓贤。《再版自序》中并未提及作者夫妇当时在广东的具体行程,但鉴于容庚与洪业有着长期合作共事的经历,她自然会特意拜访这位乡贤,求证若干史实细节,邀请容庚为自己即将撰写的传记题词也在情理之中。而从《洪业传》的叙述来看,洪业将容庚至北大任教视为"求温饱"之举,和上引容肇祖为乃兄所作的辩护相比较,虽然用意均在为其开脱,但前者视之为苟且偷生,后者誉之为忍辱负重,彼此相差不可以道里计,显然无法让以"隐寓愤时之志""以寄心迹"自命的容庚感到满意。陈毓贤当年即席请教,兴许在无意间就触到对方内心深处的隐痛。何况当时国门乍开,容氏虽已被"落实政策",可事关身上所背负的"历史遗留问题",肯定是心有余悸,甚至"心有预悸",对于远道而来且素昧平生的美籍学者怎会轻易吐露心声?而事后对弟子谈及此事,谓其著作"立论不当",不亦宜乎?

敬畏和坚守

洪业毕生喜好杜诗,1940 年主持哈佛燕京学社时就曾指导聂崇岐等人编纂《杜诗引得》,并撰长篇序言考索杜集版本源流;1952 年又用英文撰写 *Tu Fu: China's Greatest Poet*,成为英语世界中屈指可数的专门著作。二十年后,郭沫若的《李白与杜甫》(人民文学出版社,1971 年)在大陆出版,书中为趋时奉势而刻意扬李贬杜,甚至罔顾史实的做法,无疑会激起洪业的强烈不满。

《李白与杜甫》中有一处提及杜甫《官定后戏赠》诗中"不作河西尉,凄凉为折腰"云云,郭沫若分析说:"河西县在唐代有两处:一属于云南,在蒙自附近,天宝后没入南诏;一属于四川,在宜宾附近。估计杜甫被任为县尉的是后者。两者都是西南偏僻小县,杜甫不愿意去做县尉,他自己解嘲,是在学陶渊明不愿为五斗米折腰。……题为'戏赠',是表明自己的又高兴而又不太高兴。高兴是乐得做了京官，不太高兴是嫌官卑职小。"（《李白与杜甫·杜甫的功名欲望》）《洪业传》中记载了传主对此所做的回应："1979 年洪业被邀在哈佛讲演，他即利用机会指出郭沫若《李白与杜甫》一书中说杜甫拒绝做河西尉，不愿意去穷乡僻壤，挑肥拣瘦，是大错特错了。因郭沫若抄捷径用《地理辞典》，才以为河西县那么远。其实根据《元和郡县志关内道》《旧唐书地理志》等参考书就可知杜甫的时代河西县只离京兆之奉先五十公里而已。"（第二十一章《幸存者》）讲演的具体内容虽然不详，但洪业的批评确实称得上一针见血，干净利落。

就在洪业演讲的第二年，复旦大学历史系的谭其骧撰写了《郭著〈李白与杜甫〉地理正误》（原载 1981 年《历史地理》第二辑，收入《长水集》，人民出版社，1987 年），其中有一节恰好也涉及《官定后戏赠》中的"河西"，认为"郭老所提到的唐代两个河西县，是从 1931 年商务印书馆出版的《中国古今地名大辞典》里抄下来的。由于抄得欠仔细，既有抄错的地方，又没有抄全"。随后又根据《唐书·地理志》《元和郡县志》《太平寰宇记》等进行考订，明确指出杜诗中的"河西"故址位于今陕西省合阳县东南四十里。在当时的形势下，谭其骧自然绝不可能知道远在美国的洪业此前对郭著也有过相似的批评，而双方对郭氏致误原因的判定乃至纠正其错误的依据竟然完全相同——当然谭氏的考订更为细致准确——令人不由惊叹世事之巧合。

稍稍追溯一下谭其骧的治学历程，就会发现其早年在燕京大学研究院攻读，以及随后在燕京任教的经历，为他日后研究历史地理奠定了极为重要的基础。虽然在燕京求学期间，他主要师从顾颉刚和邓之诚，并未听过洪业授课，但当时历史系的日常管理主要就是由洪氏负责，其谨严不苟的作风对于众多学子的濡染感召是不容忽视的。谭其骧1935年夏准备离开北平转赴广州，在犹豫未决之际就曾向洪业征求过意见，并得到鼓励和支持（参见葛剑雄《悠悠长水：谭其骧前传》第五章《编〈禹贡〉始末》，华东师范大学出版社，2000年），足见师生间的信任与契合。其实就算是洪氏称许过的门下弟子，如齐思和、瞿同祖、周一良、冯家昇、聂崇岐、王伊同、邓嗣禹、王锺翰等等，各自的研究方向与他也并无多大关涉，甚至别有师承，他们对老师的感念主要源于其独特的人格魅力和治学风范。这从周一良的回忆中即可见一斑，他说洪业为历史系学生开设的必修课，"对我这样于考据之学初入门径的学生来说，自然感到'卑之无甚高论'。但洪先生思想敏锐，口才锋利，讲课时充满机智与风趣，能把这些简单枯燥的内容讲得引人入胜。特别是贯穿于两门方法课中的科学精神和严格训练一丝不苟的要求，对我影响很深，一生受用。以后写论文以及工作中严格谨慎的作风，就是洪先生这两门课训练出来的"（《毕竟是书生》三《求学北平》，北京十月文艺出版社，1998年）。这种一丝不苟、严格谨慎的治学态度在谭其骧身上也尽显无遗。

洪业、谭其骧围绕郭沫若《李白与杜甫》所做的批评，在局外人看来或许也不免有些"卑之无甚高论"。的确，此类商榷性文字在两人的学术研究中并不占据重要位置，但重要的是这师生两代人不约而同地昭示给后来者这样的信念：无论身处何种境遇，都应恪守学人应有的本分和职责，不降志，不辱身，始终保持对学术尊严的敬畏和坚守。

未竟的事业

刘知几的《史通》也是洪业倾注极大心血的研究对象。据《洪业传》所述，"在学术方面洪业专心研究唐朝刘知几的《史通》，他搜集关于《史通》的资料，从1923年就开始了，在这个题目上发表过五篇文章。这本集其大成的著作要用中文写。可惜这工作最终没有完成"（第二十一章《幸存者》）。研究计划未能如愿实施，确实令人扼腕叹息。究其原因则是多方面的，其中最主要的便是移居美国之后相关文献资料的匮乏。陈毓贤曾道出个中原委："1950年，洪业决定不回中国后，便写信给聂崇岐，托他把自己多年搜集的关于《史通》的书、手稿及其他资料寄到剑桥。聂崇岐回信说他把书寄来了。只是五十年前出版的书，因算是古籍不能出国。手稿则交给政府审查后才能寄出。不幸1952年美国和中国便断绝邮路，以后便完全没有聂崇岐的消息。1961年，一位在联合国纽约秘书处工作的燕大校友黄迪到中国去了一趟。洪业又托他打听能否把他关于《史通》的手稿带出来。政府回复说请洪先生回来做研究，会有与美国相当的退休金给他。洪业觉得这简直是勒索。"（第二十章《侨居剑桥》）

但这一系列重大打击并未彻底击垮洪业，因为在此之后他并没有打算放弃，1957年发表《〈韦弦〉〈慎所好〉二赋非刘知几所作辨》，1961年发表 The T'ang Bureau of Historiography before 708，到了1969年又完成《史通·忤时》篇的英文译注 A T'ang Historiographer's Letter of Resignation，都是相关研究的副产品及前期准备。他当时还曾有译注、校订《史通》全书的计划，据50年代中期至哈佛访学的余英时回忆，当自己向洪业提议，"请他整理出一个最理想的校本，分别刊行，以取得与译注相得益彰之效。他表示十分同意我的看法"（《顾颉刚、洪业与中国现代史学》，《洪业传》附录三）。由此看来，《史通》研究最终未能蒇事，仅仅归咎于文献资料的缺失还稍嫌不足，另一个因素或许同样不容忽视，即在洪氏身边缺少可以相互切磋交流的朋友。尽管当时同在哈佛任教的还有一位以博雅见称的华裔学者杨联陞，但其研究偏重于经济史和制度史，大部分精力又被牵扯到撰写各类书评之上，加之从50年代中后期起就罹患抑郁症，对其身心造成极大影响，恐怕实在没有时间和精力来应对细致深入的商讨。

可资佐证的还有王叔岷提及的一件往事。王氏于1959年夏远赴哈佛远东语文系，据其回忆，"在访问学人宴会中，见到闻名已久并曾通信的洪煨莲（名业）先生，握手言欢"。他又提到随后与洪业通信论学的经过："洪先生有篇《〈韦弦〉〈慎所好〉二赋非刘知几所作辨》，文中所引《思慎赋》'夫铎穴由于足响'句，'穴'下注云：'《文苑英华》作"冗"，似误。"铎足响而穴"，为义甚佳，惜不知其有何典据。'我想，洪先生之所以疑'穴'作'冗'为误，可能是认为'冗'是'冗杂''冗长'的'冗'。我写信告诉他，'穴'字的俗书作'冗'，与'冗杂''冗长'的'冗'相混，《文苑英华》'穴'作'冗'，'冗'即是'穴'之俗体，非误字。洪先生接到我的信，非常感动，回信说他发现其他的'穴'字也有作'冗'的，佐证我的解说。洪先生的信我未保存，记得其中有句非常谦虚的话，说我提醒他是'惠此孤学'。仅仅一个俗字的问题,何足挂齿!前辈之谦德如此,仅此一语,亦可见洪先生在哈佛大学之寂寞!"(《慕庐忆往:王叔岷回忆录》四一《访问哈佛》,中华书局,2007年)对于文史研究者而言,保持独立思考固然重要,但和同道中人相互切磋砥砺也同样不可或缺。如果洪业身边有王叔岷那样擅长校雠的专家,则其《史通》研究应该还能有不少进展。

洪业门下弟子翁独健、王锺翰在1980年初合力选编其中文论著三十七篇,汇为《洪业论学集》,其中《〈韦弦〉〈慎所好〉二赋非刘知几所作辨》一篇依据的是1957年出版的《庆祝胡适先生六十五岁论文集》中所载的文本,内容一仍旧贯,并未有所增订。想来洪业老境颓唐,意兴阑珊,对此已无意深究了。《论学集》由中华书局于1981年3月正式出版,而三个月前,洪业已经在美国的家中安然辞世。

从《最后一课》到"最前一课"

　　胡适在 1912 年将法国作家都德的《最后一课》译成中文,随后在《论短篇小说》(载 1918 年《新青年》第四卷第五号,收入《胡适文存》,亚东图书馆,1921 年)中略述翻译经过及作品内容: "Daudet 所做普法战争的小说,有许多种。我曾译出一种叫做《最后一课》(*La derniere classe*,初译名《割地》,登上海《大共和日报》,后改用今名,登《留美学生季报》第三年)。全篇用法国割给普国两省中一省的一个小学生语气,写割地之后,普国政府下令,不许再教法文法语。所写的乃是一个小学教师教法文的'最后一课'。一切割地的惨状,都从这个小学生眼中看出,口中写出。"他非常欣赏这篇作品,推崇为"用最经济的手腕,描写事实中最精彩的片段,而能使人充分满意的短篇小说"。不过从他最初弃用原名而改以"割地"作为篇名,很明显透露出其中另有寄托,对近代以来中国不断对外割地赔款的隐忧溢于言表。

　　从 20 世纪 20 年代起,胡适所译《最后一课》就被先后选入《白话文范》(商务印书馆,1920 年)、《国语教科书》(商务印书馆,1923 年)、《国文百八课》(商务印书馆,1936 年)等教材,影响日趋扩大。随着时局动荡,国事日蹙,小说也越来越激起国人尤其是年轻人的强烈共鸣,几乎构成了那一代人难以磨灭的集体记忆。何兆武曾忆及读中学时,某日清晨日本飞机在空中盘旋,"一般上课前大家又说又笑,班里总是乱哄哄的,可是那天一进教室,全班同学都坐在座位上,老师也坐在那里,一点儿声音都没有,就好像都德《最后一课》里描写的那种要亡国的感觉"(何兆武口述、文靖撰写《上学记》第一章,人民文学出版社,2006年)。年少时经历过的惊恐场景,待垂暮之年回想起来,依然历历在目。早年就读于南开中学的何炳棣,对该校的爱国传统一直引以为傲,但在回忆中也提到:"近代爱国学校故事传播到世界各国之广,打动亿万学童心弦之深的,莫过于源自法国的《最后一课》。……从小学读此故事的六十多年里,我的内心一直不敢绝对地以南开中学作为世界上第一爱国的学校,原因就是《最后一课》故事的简单而动人,叙事手法的高妙,实在令人感动佩服。"(《读史阅世六十年》专忆 3《爱国纪录的创造者》,中华书局,2012 年)艺术的虚构竟然胜过了生活的真实,这无疑要归功于作家的精心创作,译者在其间自然也功不可没。

接受新式教育的年轻学子可以通过课本去领受小说的熏染,而那些看似与外来文化绝缘、固执坚守传统的老辈学者,对作品所传递出的焦虑和沉痛,其实也同样多有感触。钱基博在1938 年撰写时评《最前一课》(载《新阵地》1938 年第 6 期),一开始便撮述小说的主要内容,并总结道:"阿尔塞斯的人对法文最后一课的眷恋,就可证明阿尔塞斯还是法国的阿尔塞斯;到了1914 年大战的结果,果然还我河山,于是这最后一课,就成了法国一篇很著名小说的题材,刺激法国的人心,策动法国的复兴!"由于早年有过在中学任教的经历,钱氏素来关注中学国文教学,对于频频出现在不少教材中的《最后一课》大概不会茫无所知。更何况此前由他编纂的《国学必读》(中华书局,1926年)中曾选有胡适的那篇《论短篇小说》,应该也会注意到其中盛赞过《最后一课》。而此时他又正和顾谷宜合作编译《德国兵家克劳山维兹兵法精义》(江南合作出版社,1941年),对普法战争的来龙去脉多有涉猎,联系史实来说明小说在此后所产生的影响,对他而言也绝非难事。

不过紧随其后,钱基博便引入正题:"现在我们中国,被日本人的大炮飞机威吓着;土地几千百里整块的放弃;甚至我们江浙两省,号称全国文化的中心,也接连着山河变色,有成阿尔塞斯之可能!"就在此前一年,因为战事加剧,他不得不放弃在上海光华大学的教职,改至位于杭州的浙江大学任教;而为了躲避接踵而至的战火,这一年他又被迫抛下家人,随校内迁至江西泰和。流离失所的切身经历显然更加深了他对小说的体会,并在此基础上由彼及此,翻陈出新,做了进一步引申发挥:"然而我们中国的教学,到了今日果真成了最后一课吗?我觉得我们中国的教学,到了今日,才开始了最前一课。"将小说里的"最后一课"改为现实中的"最前一课",毫无疑问别具深意。究其原因,在他看来,"现在才是困苦艰难的开始","这个困苦艰难的教学最前一课,便是试验我们中国一般的青年,能否负得起中国复兴的责任?"稍后不久,他因感于时势而撰著《孙子章句训义》(商务印书馆,1947年),自谓"少喜谈兵",因而"推本《孙子》之意,以明著闪电战之不足奇,速战速决之不可能"(《卷头语》)。这一方面固然是针对战事初起时日本妄言三月之内消灭中国的严正驳斥,另一方面也不妨视作他对长期抗战早就有充分的心理准备。所谓"最前一课",也正是寄望于青年学生能够经受考验和磨砺,以隐忍刚毅、坚苦卓绝的态度,来正视这场攸关家国存亡的残酷战争。

不宁唯是,钱基博在文章中又继续论及"最前一课"所包含的另一层深意。他认为都德的小说虽然沉郁哀婉,却不免令人失落迷惘:"说到最后一课,山穷水尽,似乎有些绝望,我们要把现在的最前一课,结束从前的最后一课;要把当前的困苦艰难,洗涤以往的偷闲逸乐。从前种种,譬如昨日死;此后种种,譬如今日生。所以我们要努力现在的最前一课,另辟生路;勿再留恋从前的最后一课,自陷绝望!"反复阐明要以希望来替代绝望,尤其强调若能用当下的自强不息去涤荡过往的忍辱偷安,那么"现在我们困苦开始的一课,安知不就是将来复兴中国的开始一课?"在《德国兵家克劳山维兹兵法精义》中,钱氏曾对当时中日战局做过一番剖析:"我之抗日,苦战一年,破军杀将,主客交困。日之师老,我亦力竭,胜负之分,其孰能久?而治心治气则能久,夺气夺心则不能久。"(《发凡第一》)认为在双方陷入僵持之际,唯有鼓舞士气民心,方能占得胜机。用"最前一课"来激励因濒临困境而意志消沉的学生,想来正是"治心治气"的重要手段。

对于自己倡导的"最前一课",钱基博并不只是口陈标榜,同时也身体力行。就在1938年末,他应老友廖世承的邀请,从上海出发,经浙江、江西而至湖南蓝田,出任刚建成不久的国立师范学院国文系主任。为了增强学校的师资力量，随即又令刚从法国学成归来不久的长子钱锺书出任该校外文系主任——《围城》中描写方鸿渐一行由上海出发辗转至三闾大学的经历，有不少灵感应该就源于钱锺书赴任途中的见闻。钱基博到任之后事必躬亲，为了晓谕学生立身处世之道，他在1939年发表演讲《"切己体察"》（载《国立师范学院旬刊》第三期）。文中再次提到都德的《最后一课》，并与自己倡导的"最前一课"做比较："我觉得法国人的最后一课，就是预备今天结束了法文课，明天去受德文课。法国已承认了失败，亚尔萨斯州的人民已承认了降服。我们中华民国的人，如何甘愿去受日语课？那末怎样可以把今天的国文一课，当作最后一课呢！所以与其说最后一课，不如说最前一课。最后一课是法国人民战败的纪念；最前一课是中国民族复兴的基础。"他勖勉全体师生在危亡之际更应该提振精神，砥砺意志："现在抗争已支持了二个多年头了，日本军阀占了中国的土地，占不了中国的心：这也是当前抗战所给予我们的一个好教训。所以抗战，是我们中华民族最前的一课。本学院在抗战期间开办，就是中华民族复兴的最前一课，要我们师生来担负；任重道远，诸君如何可以忽略了这个最前一课之学生的大任！"对于莘莘学子，他不仅寄予厚望，同时也严加警诫："诸君今日先要卧薪尝胆，自己振作，然后他日可以教人振作；如其不然，诸君就是忽略了最前一课之学生的大任，辜负了本学院创办的意义，对不起自己，对不起中华民族。"尽管全文主旨基本不出此前《最前一课》所阐发的范围，但言辞之中更可见慷慨激昂、诚挚痛切之情。虽然生活条件困苦，他依然严格自律，身先表率。正如当年随侍其旁的弟子吴忠匡所说的那样："在蓝田的那些日子里，我们除了教学任务外，只是读书，钻书堆，每天的生活极其单调刻板，然其格调却又极丰富多彩。老先生每天自清晨到深夜，总是端坐在他的大书案前无间息地、不倦怠地著书立说，编撰《中国文学史》，写读书日记。"（《记钱锺书先生》，载《中国文化》1989 年第一期）

　　经过八年的漫长等待，钱基博终于迎来期盼已久的胜利。他在 1945 年末又发表了一篇《最前一课之国立师范学院》（载《国立师范学院旬刊》第 122 期），抚今追昔，感慨万千，而时移世变，情随事迁，对"最前一课"又有了新的感悟。首先，从世界范围而言，他认为欧洲争霸虽已暂告结束，但世界争霸则方兴未艾，中国应防患于未然，"来日大难，何可倖倖抗战之已毕最后一课也！"；其次，就整个中国而言，他指出如果不加紧建国，跻身强盛，势必会再次招致别国侵凌，"凡吾国人，保大定功，毋幸当前之最后一课，而忽此后之最前一课！"这两方面固然可见他对时局不乏远见洞察，但终究并非题旨所在，其目光所注乃在最后一点，即就自己所在的国立师范学院而言，"明耻教战之最后一课虽终，而持危定倾之最前一课方亟"。他认为"抗战虽胜，而建国未成，人心迷于趋响，国是遂以纷纭，尤当树立师范，整齐学风，以定国是而端士习"，师道学风关系到国家兴亡和士气盛衰，绝不能因为抗战胜利而稍有疏忽懈怠。他为此大声疾呼："苟不图最前一课之豫，必无以善最后一课之终！凡我同仁，慎终如始，最前一课，尚宜努力！"他在湖南八年期间撰有《近百年湖南学风》（求知书店，1945 年），在表彰湘学先贤"有独立自由之思想，有坚强不磨之志节"之余,还号召道:"凡我共学,倘能恢张学风,绳此徽美,树规模,开风气,以无忝于前人,岂徒一校之私以为幸,国家景命,有利赖焉。"(《导言》)同样以尚友前哲、整饬学风为己任,足见念兹在兹,无时或忘。

尽管钱基博屡次阐发"最前一课"的深意用以引导鞭策后学,却恐怕未曾料到数年之后,年逾六旬的自己居然也要接受"最前一课"式的再教育——也就是儿媳杨绛后来所写的"解放后知识分子第一次经受的思想改造运动——当时泛称'三反',又称'脱裤子,割尾巴'。这些知识分子耳朵娇嫩,听不惯'脱裤子'的说法,因此改称'洗澡',相当于西洋人所谓'洗脑筋'"(《洗澡》,生活·读书·新知三联书店,1988 年),实际情形当然要远比小说来得严酷。钱基博在 1952 年左右写过一份长达两万余言的《自我之检讨》(载《天涯》2003 年第一期),其中当然免不了要撇清和胡适的关系,"我的思想,和胡适思想不相容";更免不了要自污一番,"自私自利、自高自大的观念,并未根除净尽";然而到了最后,他依然坚称:"我愿为社会服务,我不愿社会姑息我! 倘社会认我不合时代需要,应得予以清除! 苟我自信所学,社会必有需要之一日,我归而杜门,也当悉心研究,搜集材料;一旦社会需要,我就出而贡献! 倘我自念老至耄及,就当传诸其人!"依然掷地有声,充满郁勃兀傲之气。他在内心深处始终秉持着"定国是而端士习"的坚定信念,以至到了 1957 年 6 月,还抱着重病之躯,不合时宜地上书谠论,甚至直言"政策之宣上德者多,民艰之抒下情者少"(华中师范大学档案馆藏《上王任重书》)。结果当然不言而喻,立即遭受到粗暴无情的严厉批判。

五个月后,他终于在抑郁失望之中溘然长逝。他多年以来心无旁骛,潜心苦读,可记录读书心得的五百多册《潜庐日记》在随后的劫难中终被付之一炬;否则倒是可以和钱锺书的《容安馆札记》《中文笔记》《外文笔记》等相互比观,让后人略窥这对现代学术史上最知名的父子孜孜矻矻的治学风范。而他耗费多年心血精心撰著的《中国文学史》,其中最后一部分《清代文学史》也不知所终。他一直在用"最前一课"勉人励己,可最后居然连自己著作中的"最后一课"都没能保住,着实令人怅触万端,感慨莫名。那些一心想要给钱基博上上课的人,难道不应该再好好补补课吗?

瞿蜕园"谋稻粱"

　　晚年寓居沪上的瞿蜕园潦倒困顿，只能鬻文为生。据他后来说，"到 1955 年，我的转折点才真正开始"，因为经过彻底审查，公安部门对其"历史问题"终于做出了"不予追究刑事责任"的裁定；与此同时，他执笔的《左传选译》和《古史选译》由春明出版社出版，尽管只是普及性读物，好歹也算是 1949 年后正式问世的个人著作。然而，"这一年我所获得的稿酬仍然非常微薄，不能维持生活，因为那时私营出版社所出的书销路极受限制"（《解放十年中我的生活》，载政协上海市徐汇区委员会文史资料工作委员会编《徐汇文史资料选辑》第一辑），可知其日常生计仍不免捉襟见肘。

　　田吉的《瞿宣颖年谱》（复旦大学博士论文，2012 年）钩沉索隐，对谱主在这段时间的经历考订翔实，唯个别细节尚可略作增补。例如为了尽快获取稿酬，瞿蜕园曾在 1956 年 3 月 15 日给陆澹安写过两封信，委托他出面代为斡旋。第一封信详细陈述了事情原委："潘兄之《南北朝文》及拙撰《楚辞今读》，均先后于上年九、十月交稿，孔公并面告将拙著赶在年底出版。嗣后校样

亦已看过数次,其为已经排印,均无可疑,所缺者至多不过装订
而已。此两书完全为春明行将出版之书,新机构当然毋庸过问,
应付之款亦当然由春明负责。此项手续,谅已由春明与新机构
联系办妥。其所以迟迟未能出书,自系承印工厂任务繁忙之故。
作者企望已久,何不即将此戋戋二百元付讫? 既于出版社丝毫
无损,而作者得救燃眉。未审公能据此代为一商否?"(载陆康编
《澹安藏札》,上海锦绣文章出版社,2011 年。文字及标点据书中
所附影印件略有更正)信中提到的"潘兄"即潘伯鹰,"孔公"则是
曾任春明出版社总经理兼总编辑的孔另境。早就允诺出版的书
稿,在数次看完校样后居然再无下文。瞿蜕园如此焦虑,固然是
因囊中羞涩所致,而更重要的则是正逢出版机构调整,令他深忧
新旧交替之后,先前的约定是否会突生变数。春明原本是私营
机构,在 1956 年的公私合营改造中被并入上海文化出版社,孔
另境也转任该社编辑部副主任。经营性质和主事人员都已发生
重大变化,难怪瞿氏如此忧心忡忡。他在信中还特别强调:"春
明已付印之书,除此二种外尚有二种,其未付印者,则当然须归
新机构处理矣。"所谓"已付印之书""尚有二种",当指刚出版不
久的《左传选译》和《古史选译》;而"未付印者",应该是当时已经
着笔或计划编撰的《史记故事选》《汉书故事选》《后汉书故事选》
等。这些书稿想必都和春明有过合约,然而时移势易之际,又有
谁说得准将来的状况? 好在这些书稿最终都如其所愿地"归新
机构处理",几年后得以陆续出版。可瞿氏在当时又怎能预料及
此,信中的措辞明显流露出些许忐忑不安。

　　瞿蜕园之所以和陆澹安商请此事,当是因其与孔另境交谊

颇深的缘故。孔氏早年编纂过《中国小说史料》,50 年代初准备
增订再版。限于时间和精力,除了通过赵景深约请章苔深、胡忌
协助核查资料外,他"又托陆澹安、金性尧两位先生再校阅一遍"
(《中国小说史料》赵景深跋),最终由古典文学出版社于 1957 年
5 月推出修订本。从时间上推算,瞿氏写信的时候,陆氏应该正
在帮忙校阅,顺便过问一下自属举手之劳。孰料就在寄出这封
信稍后不久,瞿蜕园当天又给陆澹安写了一封信,满怀歉意地
说:"晨间甫上一笺,旋得伯鹰兄电告,已在书店发见《南北朝文》
及《楚辞今读》两书陈列出售,然则业已出版,前说与事实不符。"
(载《澹安藏札》)书既然已经上架销售,自然毋庸过虑。可瞿氏
依然恳求道:"请姑待数日,倘仍不将稿费算清,还求鼎力一催。
种种费神,已与伯鹰兄谈及,同声感谢不置。"若非衣食实在难以
为继,这位被视作"中国学术界自王海宁、梁新会之后,够称得上
'大师'的",与陈寅恪堪称"一时瑜亮,铢两悉称"的文史大家(周
劭《瞿兑之与陈寅恪》,收入《一管集》,山西古籍出版社,1998
年),恐怕绝不会如此不顾矜持。

　　不过这事也怪不得当时业已自身难保的孔另境。由于春明
的原出资方突然潜逃,他不得不出任资方代理人。据其好友范
泉说:"兼任资方代理不过半年,三反五反运动开始,另境被职工
不断批斗。"(《雪压乔林同一色——回忆我和另境相处二十年的
往事》,载《新文学史料》1992 年第 4 期)亲历此事的春明编辑金
性尧则在多年后负疚地说:"另境兄一直是个自由职业者,从不
开店设铺,所以工商联的任何活动,也都不去参加。当时的私营
出版社是没有党组织的,只有由几位青年党员组成的公会。由

于历史的原因,凡是资方代理人就是资本家,因而对资方代理人难免戴着有色眼镜。"(《忆孔另境兄》,收入《闲关录》,上海古籍出版社,2004 年)孔氏之妻金韵琴也追忆道:"他是出版界闻名的'大炮',改不了率真的性格,一次运动过后隔了些时又故态复萌,屡遭批判。1957 年险被戴上右派分子帽子。"(《另境晚境》,孔海珠编《庸园新集:孔另境自述散文》代跋,上海文艺出版社,2006 年)在举步维艰、动辄得咎的境况下,即便他想要依照原先的约定早日结清稿费,恐怕也是心有余而力不足。

瞿蜕园在当时撰写过不少文史普及读物,尽管目的在于谋稻粱,态度却相当严谨细致,毫不敷衍塞责。以《楚辞今读》为例,他在《导言》中批评说:"明以来讲《楚辞》的著作原不少,但多数带些高头讲章的习气,只在文章义法上反复推敲,适见其陋。纵然发现一两处新颖的见解,也只是凿空立论,不足为据。就连讲朴学的戴震那部《屈原赋注》,也觉得人云亦云,无甚精彩。"足见其标准甚严,眼界极高。随后又提到:"编者个人略略有些想提出商榷的问题,特别在《离骚》和《天问》两部分,固然不敢说是心得,更不敢认为成熟的见解。现在姑且将平日读书的札记,附录一些在译文之后,一并敬请读者指教。"谦抑之中透出几分不甘寂寞的傲气。书中也确实不乏独到之见,如《天问》开篇"冯翼惟象"一句,瞿氏注云:"王逸、洪兴祖皆以为无形象可寻之意。鄙意《诗·卷阿》:'有冯有翼,有孝有德,以引以翼。'冯翼与孝德对文,盖古人习用之语。若依郑玄说,以祭祀释之,义亦较长。盖谓天无实体,但想象而奉事之。王闿运说:冯翼即几杖,谓老人。意谓古代先民所传,不过出于想象。亦似得其解。屈原于

《天问》一篇，开宗明义，即以传说为不可信，以下遂逐条驳诘。诂训若明，庶几窥见古人微意。"戴震的《屈原赋注》已经注意到此处与《诗经·卷阿》"有冯有翼"有关，却仍将之释为"气化充满盛作，然后有形与物"。瞿氏无疑参考过戴说，又结合经籍训诂及全篇旨趣进一步推求其中微意，所言颇值参酌借鉴。类似的按断在书中还有不少，在在彰显出深湛的学养和独到的见解。而正因如此，他晚年所经历的辛酸坎坷，才更令人感慨唏嘘。

七十老翁何所求

1975年4月16日深夜,年逾七旬的文献学家王重民在颐和园中愤然自尽,起因竟是他此前甄别了一部假托作者的伪书。这部署名为"明温陵卓吾李贽评纂,新都宁野吴从先参订,武林仙郎何伟然校阅"的《史纲评要》,早在十多年前的一次文物普查中就已被发现,可并未受到特别的重视。到了"评法批儒"运动如火如荼之际,却因书中对秦始皇、曹操等所谓法家人物多有褒扬而身价陡增。然而自晚明以来,假冒李贽的名义刊行的著作便屡见不鲜。对于后世学者而言,"李氏著作,如何辨伪,是一个专门的问题,从思想学术的内容来看,应着眼其最基本的著作;其他信者传信,疑者存疑;不甚重要者,暂存而勿论"(侯外庐主编《中国思想通史》第四卷第二十四章,人民出版社,1960年),这当然是毋庸赘言的基本准则。《史纲评要》虽在清代方志中有过著录,但李贽本人及其亲友门生却从未言及,后世流传至稀,来历颇为不明。不少中外研究论著,如铃木虎雄的《李卓吾年谱》(朱维之译,载1935年《福建文化》第三卷第十八期)、容肇祖的《李贽年谱》(生活·读书·新知三联书店,1957年)等,对此都持多闻阙疑的审慎态度。

不过世事的乖谬荒唐，总会让人瞠目结舌。据说在 1974 年 6 月的一场"儒法斗争史报告会"上，江青公开宣称"发现了一部李卓吾（贽）的《史纲评要》，现在准备出版"（刘修业《王重民教授生平及学术活动年表》，载《图书馆学研究》1985 年第 5 期），俨然以学术权威自居，径直判定了著作权的归属。当然，在随后召集众多专家对这部略有残损脱漏的著作进行校订时，因其流传始末大有蹊跷，难免招致一些质疑。兴许是迫于压力并准备推卸责任，主事者便邀请曾任北京图书馆副馆长、北京大学图书馆学系主任的王重民参与此事，本意无非是想倚重其声望来压制那些非议者。

其实早在 40 年代初，王重民就在美国国会图书馆见过一部完好无损的《史纲评要》，但认为不尽可信："余检阅其内容，疑为后人读《藏书》者，摘其所藏，而按年系之，改编为此本耳！故谓为真也可，谓为伪也亦可！"（《中国善本书提要·史部编年类》，上海古籍出版社，1983 年）可惜因时间仓促，未及深入研讨。这次受到邀约，正好对多年积疑再做考索。其遗著《冷庐文薮》（上海古籍出版社，1992 年）中收录了两篇未曾公开发表过的论文，从内容推断，应该都撰写于参与此次整理期间。在第一篇《〈史纲评要〉与〈史纲要领〉》中，他将此书与先前付梓的姚舜牧所纂《史纲要领》相互比勘，发现双方"不但史文、注文相同，分卷亦相同"，且出版都已在李贽卒后十年左右，由此推断《史纲评要》系吴从先袭用姚著，并伪冒李贽所撰。另一篇《关于吴从先》则钩沉分析了吴氏的生平经历和思想观念，着重指出"吴从先对于李

赞也相当尊敬,但对于李贽的思想学问没有什么真正的理解",
"他所以校刻出版《史纲评要》这部书,博得一个赚钱附名的目
的,也就够了"。两篇行文略显散漫,前者条理尤为凌乱,似乎是
随手摘录排比的札记,仅供《史纳评要》的整理者参考,尚未最终
修订润饰。但此书出于伪托而不可凭据,显然是证据确凿、毫无
疑问的事实。

　　倘若重复早年模棱两可的判断,王重民大概也能够全身而
退,但书呆子气十足的他却丝毫不懂得逢迎上意,而是坚定地站
到了反对者的阵营中。主事者对这样的结果无疑是始料未及
的,为了应付这个棘手的难题,也费了不少苦心。作为这部《史
纲评要》的发现者,福建泉州市文物管理委员会和厦门大学历史
系合作撰写了《介绍李贽的一部重要著作——明刻本〈史纲评
要〉》(载《文物》1974 年第 9 期),一方面继续竭力鼓吹"《史纲评
要》是《藏书》的姐妹篇,是研究李贽历史观的一本重要材料",
"充满了反对保守、倒退,颂扬变革、进步的精神";另一方面又迫
不得已添上几句:"《史纲评要》在李贽生前似未经定稿,有些地
方或许是参订者添改的。……吴从先对《史纲评要》曾进行过一
些增补,这就难免渗入己意。但究竟情况如何,尚待进一步研
究。"中华书局则迅速在 1974 年底出版了《史纲评要》的整理本,
不仅有一套三册的普通平装本,还有一套十册的特制大字本,甚
至另有二函十七册的仿古线装本,可谓兴师动众,盛况空前——
以致一年后,台湾就有一家大通书局惊为枕秘,不问青红皂白地
盗版翻印——而在平装本的《出版说明》中也提到:"本书在稿本
流传和校订出版时都可能窜入别人的评语,甚至对李贽的评语

有所删改。明人姚舜牧在李贽死后七八年编成和刊印了《史纲要领》一书，而本书个别评语或和《要领》的评语相近，或似针对《要领》的评语而发，这正是窜入他人评语的一种痕迹。"执笔时明显都参酌过王重民的意见，但对最关键的伪托一事却含糊其词，试图避重就轻，以便掩盖真相。

不识时务的王重民则由此遭到忌恨，无端蒙冤，最终唯有以死抗争。为免拖累家人，他在遗书中特意关照不留骨灰，并在书桌上放了一本《李卓吾评传》。在王夫人看来，此举似别具深意，"一则因他为李卓吾之事不肯逢迎'四人帮'的意旨，次则李卓吾也是以古稀高龄，被明末当道者诬蔑，自尽于狱中"（刘修业《王重民教授生平及学术活动年表》）。李贽当年在狱中"持刀自割其喉"，慨叹"七十老翁何所求"（袁中道《李温陵传》）。以此自况的王重民，想来也问心无愧，别无所求了。只是据顾颉刚所述，王氏的自杀原本令人深感意外，可是"后闻其在学习时，有人揭发其曾于某年受人礼物，羞而自杀"（《顾颉刚日记》1975 年 6 月 30 日，联经出版事业有限公司，2007 年），在饮恨之后居然还要承受一番侮辱与诽谤。

直至"评法批儒"偃旗息鼓，才有学者重议旧题，如崔文印的《谈〈史纲评要〉的真伪问题》（载《文物》1977 年第 8 期）、王利器的《〈史纲评要〉是吴从先假李卓吾之名以行》（载《社会科学战线》1982 年第 3 期）等，都继续进行辨伪的工作。崔氏的考辨尤为学界重视，张岱年《中国哲学史史料学》（生活·读书·新知三联书店，1982 年）在介绍李贽著述时就提到："《史纲评要》，也不是李贽作的。近年崔文印著文考证此书不是李贽的著作。"郑良树在编著《续伪书通考》(学生书局,1984年)时,更是大段摘引其中论述。崔氏在北大曾受业于王重民,师生关系相当融洽;毕业后至中华书局任职,担任过《史纲评要》的责任编辑,深悉此事的来龙去脉。其论述虽然更臻周详严密,但大体格局和基本史料不出上述王氏两篇论文的范围,想必从中得到过不少启发。只是在他撰文之时,"自绝于人民"的王重民尚未获得平反,显然不便表彰其洞见卓识,对此倒也不必过分苛责。然而时至今日,有学者仍将《史纲评要》视为李贽之作,以致谬种流传,误人子弟,个中缘由就不免令人百思而不得其解了。

【附记】

此文发表后,读到崔文印在1993年4月所撰的《从探索〈史纲评要〉一书的真伪看王重民先生正直、严谨的学者风范》(收入曾贻芬、崔文印合著《籍海零拾》,中华书局,2010年),从当事人的立场对此事有过较为详细的回忆。文章最后特别强调:"1977年,我写了篇《谈〈史纲评要〉的真伪问题》,发表在当时差不多是全国唯一正式出刊的《文物》月刊第八期。应该说明,这篇文章的大部材料都是王重民先生给我的,我只是作了一番文字表述而已。揭开《史纲评要》一书真伪的功绩应该归功于王重民先生,这是任何人也不应该掠美的。"可见本文所做推测大体无误。

诗人转业

　　诗人戴望舒于 1950 年 2 月 28 日猝然辞世，生前文稿由诸多好友分头整理。有关古典文学研究的部分经吴晓铃编辑，在八年之后由作家出版社以《小说戏曲论集》的名义出版。吴氏在《编后小记》中说："在这里所结集的三十一篇长短不一的文章里，读者已经不难看出他在这方面的成绩和贡献。其中特别是《读〈李娃传〉》《跋〈雨窗欹枕集〉》《袁刊〈水浒传〉之真伪》和《张山人小考》等篇，都曾经得到不在少数的专业者的称赞。"作为小说戏曲方面的专家，他的这番评论洵非虚语。

　　除了上述几篇论文外，书中还有不少内容同样值得关注。例如在《西班牙爱斯高丽亚尔静院所藏中国小说、戏曲》一文中，戴望舒就谈到其中"尚有明嘉靖刊本《新刊耀目冠场擢奇风月锦囊正杂两科全集》，亦系天壤间孤本，所选传奇杂剧时曲甚富。时曲无论，传奇杂剧，亦颇多今已失传者，虽系选本，且仅录曲文而无宾白，然亦弥觉可珍"。《风月锦囊》在后世流传极稀，近现代学界罕有寓目者。王国维的《曲录》（《王国维遗书》本）仅据前代书目将其列入"元明无名氏撰"的"杂剧传奇总集"之中，对具体内容则阙而不论。而孙楷第居然在《中国通俗小说书目》中著录此书，甚至推测"当为嘉、隆以前元明旧话本"（人民文学出版社，1982年），实则相当草率。戴望舒是最早介绍《风月锦囊》概况的中国学者，足见视野之开阔，也为后人深入研讨提供了重要线索。

戴望舒对作家的遣词造句尤感兴趣，有一篇《释"纥逻"、"掉罨子"、"脱稍儿"》，颇能显示他在语词考释方面的功力。文章前半部分议及白居易《阴山道》诗中"纥逻敦肥水泉好"一句，"世多不解'纥逻敦肥'之意，有注白诗者，以为系回鹘地名，然未言究在何处，盖出之想象，未有根据也"。戴氏不以为然地指出："此四字中，除'肥'字为中国文字外，余皆为突厥文普通名词之音译，'纥逻'系 Khara 之对译，意为'青色'，亦通作'黑色'解，'敦'系 Tuna 之对译，意为'草'或'草原'，均见 W. Adlofe 所著《突厥方言辞典》。故'纥逻敦肥水泉好'者，即'青草肥，水泉好'之意，下文'草尽泉枯马病羸'句，可以为证。"文章大概是根据手稿整理的，故将俄籍德裔突厥语专家 Radloff 误为"Adlofe"，这点姑置不论。且说"纥逻敦"一语，历来均无确解，只有陈寅恪在《白香山新乐府笺证》（载 1948 年《清华学报》第十四卷第二期，修订后收入《元白诗笺证稿》，文学古籍刊行社，1955 年）中提到："纥逻敦一词不易解，疑'纥逻'为 Kara 之译音，即玄黑或青色之义。（见 Radloff 突厥方言字典二册一三二页。）'敦'为 Tunā 之对音简译，即草地之意。（见同书三册一四〇页。）岂'纥逻敦'者，青草之义邪？若取'草尽泉枯马病羸'句之以草水并举者，与此句相较，似可证成此说也。"两人几乎在同时有着同样的判断，参考的工具书竟然也是同一本，真可谓英雄所见略同。可惜今人所撰白诗注本均径引陈氏之说，并未留意到戴氏的意见。

这篇文章的后半部分又提到日本学者吉川幸次郎译注的元杂剧《金钱记》，"于第三折《满庭芳》曲中'掉罨子''脱稍儿'二辞未得确解"。戏曲中的方言俚语确实颇难索解，近代以来虽有学者注意考察，仍难免疏漏讹误。徐嘉瑞《金元戏曲方言考》（商务印书馆，1948 年）把"掉罨子"释为"沉迷"，将"脱稍儿"解作"分飞"，就不免望文生义。戴望舒则推测说："忆吾杭俗语，指吃亏受愚之人为'眼子'（'眼'字仅记其音，盖俗语字无定形也），或与'罨子'不无关系，果如是者，则'掉罨子'一辞，亦犹弄乔妆么之谓。至'脱稍儿'一辞，则较易解。'脱'意为'失落'，'稍儿'意为'收稍结果'；盖即'没收稍''无下场''无好结果'之意。"此后还有学者就此继续研讨，对"掉罨子"尤感兴趣。如杨联陞的书评《吉川幸次郎等：〈元曲选释〉》认为"现代语谓'暗中换他人财物'（有时竟是换人），还说'掉包儿'，掉一作调"（载 1956 年台湾《清华学报》新一卷第一期）；朱居易《元剧俗语方言例释》（商务印书馆，1956 年）释其意为"掉包，弄手段，玩花样。调一作掉，音近义同"；陆澹安《戏曲词语汇释》（上海古籍出版社，1981 年）则解为"偷偷摸摸的行径"，"即'掉包'，是小窃偷盗方法的一种"；龙潜庵《宋元语言词典》（上海辞书出版社，1985 年）也释作"弄手段，耍花招"。各家所释看似不尽相同，其实彼此贯通。盖"弄乔妆么"即乔装改扮，亦即"弄手段，玩花样""耍花招"，而目的正为了"偷偷摸摸"地"掉包"，由此可见戴氏对词义的体会颇为确切。

类似的例子在这本薄薄的论文集中还有不少，但在研读之际也难免令人心生疑惑。诚如吴晓铃在《编后小记》中所言,戴氏生平"主要的工作应该说是诗的创作和翻译法兰西和西班牙的文学作品,并不是中国古典文学的研究",为什么会突然转入新的领域?其中缘故想必相当复杂,除了个人兴趣使然,时代风气的骤变恐怕也不容忽视。在他去世后的第二天,时任新闻总署署长的胡乔木就在《人民日报》上发表《悼望舒》,强调:"像许多纯良的中国知识分子一样,望舒在近年有了很大的进步。他暂时停止了他的文学活动,不过是这个进步的一方面表现。他决心改变他过去的生活和创作的方向,并且热情地学习新的事物,参加新的工作。"对其早年创作生涯显然持否定的态度。人民文学出版社在1957年出版《戴望舒诗选》,卷首有同为诗人的艾青所撰《望舒的诗》,一开口就批评亡友:"他像一个没落的世家子弟,对人生采取消极的、悲观的态度。……处处都是颓废的、伤感的声音,对时代的洪流是回避的。这样的作品,对当时的青年,只会产生不好的作用。"尽管也承认"他的诗,具有很高的语言的魅力",但最终一锤定音:"所可惜的是他始终没有越出个人的小天地一步,因之,他的诗的社会意义就有了一定的局限性。"戴望舒虽无法预知这些"盖棺之论",但"山雨欲来风满楼",天性敏感的他应该不难察觉潜在的压力,暂时埋首故纸堆中,不失为一种解脱。

当周遭的世界充满着昂扬澎湃的激情时,总会有些格格不入的人为之黯然神伤,甚至不得不改变原来的生活方式。汪曾祺曾经感慨沈从文晚年放弃创作而转投学术:"就沈先生个人说,无所谓得失。就国家来说,失去一个作家,得到一个杰出的文物研究专家,也许是划得来的。但是从一个长远的文化史角度来看,这算不算损失? 如果是损失,那么,是谁的损失? 谁为为之,孰令致之?"(《沈从文转业之谜》,收入《晚翠文谈新编》,生活·读书·新知三联书店,2002 年)有着类似转业经历的现代作家其实不在少数,戴望舒虽然并未彻底舍弃文学创作,但也可列入候补名单之中。只可叹他还没来得及像沈从文那样在新领域里充分施展才华便英年早逝,不过转念一想,倒也就此逃脱了紧随其后的重重劫难。这究竟是不幸还是幸运,实在殊难断言。

第二辑　旧籍散议

作为演说家的章太炎

　　自清末民初逐渐兴起的公开演说,在信息传播、知识普及和文体改造等诸多方面都起到了无可替代的作用,以至于胡适在日记中曾经郑重其事地写道:"今日所需,乃是一种可读、可听、可歌、可讲、可记的言语。要读书不须口译,演说不须笔译;要施诸讲坛舞台而皆可,诵之村妪妇孺而皆懂。不如此者,非活的言语也,决不能成为吾国之国语也,决不能产生第一流的文学也。"(曹伯言整理《胡适日记全编》1916 年 7 月 6 日条,安徽教育出版社,2001 年)同样的内容随后又见于《逼上梁山——文学革命的开始》(载 1934 年《东方杂志》第三十一卷第一期)和《〈中国新文学大系〉第一集导言》(载《中国新文学大系·建设理论集》,良友图书印刷公司,1935 年),足见志在改造国语的胡适对这一新兴表达方式的重视。受到这股时代风气的影响,即便是章太炎这样的旧派学者,也忍不住跃跃欲试,只是初登讲坛时毫无经验,免不了左支右绌,手足无措。马叙伦在《石屋余渖·章太炎》(建文书店,1948 年)中就调侃过他在光绪末年当众演说时的表现:"登台不自后循阶拾级而上,辄欲由前攀援而升,及演说不过数语,即曰:必须革命,不可不革命,不可不革命。言毕而下矣。太炎时已断发,而仍旧装。夏季,裸上体而御浅绿纱半接衫,其裤带乃以两根缚腿带接而为之。缚带不得紧,乃时时以手提其裤,若恐堕然。"由于不曾像胡适等新派学人那样接受过专门训练,无论是仪表装束,还是举止辞令,都显得捉襟见肘,窘态百出,着实令人忍俊不禁。

不过,章太炎并未就此放弃,在投身革命和潜心著述之余,依然不断地借助演说来臧否人事或讲论学术,有时甚至一改古奥艰涩的撰著风格,改用生动活泼的白话口语。通过慢慢磨炼,其演说的效果也渐有改观。章门弟子就时常提起他讲学授课时的风采,最让人耳熟能详的莫过于鲁迅所说的,"直到现在,先生的音容笑貌,还在目前,而所讲的《说文解字》,却一句也不记得了"(《关于太炎先生二三事》,收入《且介亭杂文末编》,三闲书屋,1937年);周作人则更具体地回忆道,章氏"随便谈笑,同家人朋友一般","笑嘻嘻的讲书,庄谐杂出,看去好像是一尊庙里哈喇菩萨"(《知堂回想录》卷二《民报社听讲》,三育图书有限公司,1980年);周氏兄弟的同乡老友许寿裳也有同样的感受,称章氏的演说"新谊创见,层出不穷。即有时随便谈天,亦复诙谐间作,妙语解颐"(《纪念先师章太炎先生》,载1936年《制言》第25期)。尽管因为口音浓重而导致理解困难,听众们仍能真切地感受到他"诙谐而兼怒骂"(张中行《负暄琐话·章太炎》,黑龙江人民出版社,1986年)的演说风格。而任鸿隽更是强调,"若是把他的说话记录下来,可以不加修改便成一篇很好的白话文章。后来先生把这个演讲写了出来,成为他的《国故论衡》,可惜他写成古文以后，反而失掉了讲时的活泼风趣"(《记章太炎先生》，载中国人民政治协商会议上海市文史资料工作组编印《文史资料选辑》第八期，1961年)，指出其口头演说与案头撰述迥然异趣而又不遑多让的特点，几乎要颠覆人们印象中那位一贯主张文言反对白话的朴学大师的形象。

　　章太炎毕生留下了大量演讲稿，收入《章太炎全集》中的《演讲集》(上海人民出版社，2015年)虽然已经做了大量删汰繁芜的工作，仍然有上下两册将近七十万言的篇幅。整理者对这些讲稿重予校订编次，为读者提供了不少便利，不过有时也容易令人忽视其中部分篇章的特殊性。比如早在1921年，上海的泰东图书局就出版过一册薄薄的《章太炎的白话文》，收录了自1907年至1910年间的七篇演讲稿。尽管其中一篇实为章门弟子钱玄同所撰，为此钱氏在讨论辨伪问题时还特意申明："中国底伪书真多，现代人底著作之中还有伪的，《章太炎的白话文》中有钱玄同的文章(《中国文字略说》)！"(《答顾颉刚先生书》，载《古史辨》第一册中编，北平朴社，1926年)可其余六篇出自章太炎的手笔应该是毫无异议的。书前冠有署名为"吴齐仁"的《编者短言》，撮述此书的主要特点，其一是"章先生一生亲笔做的白话文，极少"，因而弥足珍视；其二是要言不烦，"差不多把求中国学问的门径，与修身立世之道，网罗无遗"；其三是文字平易，深入浅出，"可以作白话文的模范"。据汤志钧《章太炎年谱长编》(中华书局，1979年)考察，"署名'吴齐仁'者，无其人也"，此书"实为张静庐所编，系张在章氏沪寓索得付印的"。泰东图书局被誉为"创造社的摇篮"，"在初期的新文化运动中间，它是有过相当的劳绩的"(张静庐《在出版界二十年·创造社的摇篮》，上海杂志公司，1938年)，而时任出版部主任的张静庐也被称为"一个推进新文化运动的实行者"(张静庐《在出版界二十年·写自传的动机》)。这样一家出版机构能将章太炎的著作纳入出版计划之中，而章氏也乐意将出版事务全权委托给对方，足见双方信任程度之深。虽然就此书的编纂过程而言，略显仓促草率，却呈现出极为独特的观察视角和编辑理念。在泰东图书局后来所做的广告宣传中，也特别强调此书是"研究文学之士，及各校国语课程中，不可不读之良书也"，足见当时人眼中的章太炎，在白话文运动方兴未艾之际颇能引领风气之先。

单从学术角度来衡量，这些白话演讲当然无法与《国故论衡》《訄书》等相提并论，不过其任意挥洒、举重若轻的语言风格也是那些专门著述所难以企及的。比如在《留学的目的和方法》中，章太炎抱怨起在学校任教须受学部和提学使的管辖监督，突然穿插进晚清经学家廖平的一件逸事："且看四川有位廖季平，经学是很有独得的。(廖季平的经学，荒谬处非常多，独得也很不少。在兄弟可以批评他，别人恐怕没有批评他的资格。)屈意去做高等学校的教习，偶然精神错乱，说了几句荒谬的话，那个提学使和他向来有恨，就把他赶走了。外边颇说提学使不是。兄弟看来，谁教这位季平先生，屈意去做提学使的属员？直至赶走，悔之无及，倒是这位季平先生，自取其咎。假如诸君有一科的学问，和廖季平的经学，有一样的程度，愿诸君再不要蹈廖季平的覆辙罢！"这段插叙看似无关宏旨而稍显散漫，却逸趣横生，大可玩味。四川提学使赵启霖因其多有穿凿附会之论，确曾于

1909年秋勒令各学堂不得延聘廖氏讲学(参见廖幼平编《廖季平年谱》"宣统元年己酉"条,巴蜀书社,1985年),可见章氏此处所言确然有据,并非向壁虚构。廖平去世后,章太炎曾撰《清故龙安府学教授廖君墓志铭》(收入《章太炎全集·太炎文录续编》卷五之下,上海人民出版社,2014年),称其"智虑过锐,流于谲奇,以是与朴学异趣",仅是粗陈梗概而语焉不详,远不及演讲时来得生动翔实。

在陆续发表这些演说时,章太炎正客居日本东京,可在演说中对日本汉学家却多有讥讽挖苦。比如在《留学的目的和方法》中提到"有一位甚么博士,做一部《支那哲学史》,把九流的话,随意敷衍几句,只像《西游记》说的猪八戒,吃人参果,没有嚼着味,就囫囵吞下去",信手拈来地用"猪八戒吃人参果"来形容汉学家的鲁莽灭裂,言辞虽然有些尖酸刻薄,但现场效果想必极佳。有时竟然毫不避讳地直斥其名,比如在《教育的根本要从自国自心发出来》中表彰马建忠的《马氏文通》,"在中国文法书里边,也算铮铮佼佼了",随即话锋一转,说道"可笑有个日本人儿岛献吉,又做一部《汉文典》,援引古书,也没有《文通》的完备,又拿日本诘诎聱牙的排列法,去硬派中国文法,倒有许多人说儿岛的书,比马氏好得多","近来中国反有人译他的书,唉!真是迷了。日本几个老汉学家,做来的文字,总有几句不通,何况这位儿岛学士。现在不用拿两部书比较,只要请儿岛做一篇一千字长的文章,看他语气顺不顺,句调拗不拗? 再请儿岛点一篇《汉书》,看他点得断点不断? 就可以试验得出来了!"时而不屑,时而慨叹,时而痛斥,即便只是文字稿,也不难感受那咄咄逼人而又摇曳多姿的气势。章太炎在《与罗振玉书》(收入《章太炎全集·太炎文录初编》文录卷二,上海人民出版社,2014 年)中也曾议及"儿岛献吉之伦,不习辞气,而自为《汉文典》",并断言"大抵东人治汉学者,觊以尉荐外交,不求其实。宛名况乎域中,更相宠神,日绳其美,甚无谓也",措辞虽古朴典雅,可惜对普通读者而言就显得难于索解,比起鲜活凌厉的演说词来明显逊色许多。

在演说过程中兴之所至,肆意发挥,自然免不了多有偏颇。但章太炎在这些讲稿中反复强调:"别国的学问,或者可以向别国去求,本国的学问,也能向别国去求吗?"(《留学的目的和方法》)"本国学问,本国人自然该学,就像自己家里头的习惯,自己必定应该晓得,何必听他人的毁誉?"(《教育的根本要从自国自心发出来》)可知这种张狂自大实属事出有因,既缘于他当时寄人篱下的窘迫处境,又和近代日本汉学的勃兴息息相关。如果联系到此后胡适所感慨莫名的"从前中国学生到日本去拿文凭,将来定有中国学生到日本去求学问"(曹伯言整理《胡适日记全编》1922 年 8 月 26 日条),以及陈寅恪所痛心疾首的"东洲邻国以三十年来学术锐进之故,其关于吾国历史之著作,非复国人所能追步","今日国虽幸存,而国史已失其正统"(《吾国学术之现状及清华之职责》,载《金明馆丛稿二编》,上海古籍出版社,1980年),就不难对章氏的嬉笑怒骂产生"了解之同情"。因而这些演讲稿除了能够展现章太炎在运用白话时的娴熟自如,也为深入探究其复杂隐秘的思想提供了不容忽视的参照。

"不可卒读"的演讲记录稿

　　应江苏省教育会的邀请,章太炎于 1922 年 4 月 1 日至 6 月 17 日期间,在上海举行了十次公开演讲,并由《民国日报》派去的年轻记者曹聚仁记录整理。记录稿最初在《民国日报》的副刊《觉悟》上连载,修订结集后以"国学概论"的名义由泰东图书局于当年 11 月正式出版。尽管面对的听众并非专业人士,使得章太炎在演讲时只能点到即止,其博洽精深的程度远不及《国故论衡》《菿汉微言》等同样源自日常讲学的著作,然而却成为他毕生著述中流传最为广泛的一种。正如曹聚仁后来所说的那样,在近现代问世的大量国学入门读物中,"全国大中学采用最多的,还是章太炎师讲演、我所笔录的那部《国学概论》,上海泰东版,重庆文化服务版,香港创垦版,先后发行了三十二版,日本也有过两种译本"(《中国学术思想史随笔》第一部分《从一件小事谈起》,生活·读书·新知三联书店,1986 年)。迄至今日,各地仍有出版社在不断翻印,足见此书盛行不衰。

　　最先披露此次系列演讲具体内容的,除了曹聚仁的记录版,其实还另有其他记者笔录的《新闻报》版和《申报》版。《新闻报》

版有始无终,只报道了前五讲便戛然而止,可以暂置勿论。《申报》馆虽然从一开始就接受江苏省教育会的委托,负责宣传推广,并自诩道:"所讲述者,另有纪录员纪录,以便整理,送由章氏核阅,以便发布云。"(《章太炎讲学第一日纪》,载1922年4月2日《申报》)原本应该最具权威性和可信度,不过据其后续报道,在第一次正式开讲前,"报名者竟有六百余人之多,临时到会者又有一二百人"(《愿听章太炎先生讲学者注意》,载1922年4月4日《申报》);慕名前来的听众随后"争先前往索取听讲券,至昨日下午,已满足一千人,可谓盛矣"(《章太炎今日继续讲学》,载1922年4月8日《申报》);可是能够持之以恒听完全部演讲的并不多,最后数次竟然人数锐减,"到者不下七八十人"(《章太炎九次讲学纪》,载1922年6月11日《申报》)。章太炎目睹前后如此悬殊的景象,恐怕也免不了意兴阑珊,未必会仔细核查订正报社的记录稿。因此《申报》上每次刊登的演讲内容繁简不一,有时洋洋洒洒数千言,有时则寥寥数十语,显得敷衍潦草,彼此并不相称,当然也不便汇集成书。曹聚仁后来追忆说,《新闻报》和《申报》派去的记者根本听不懂演讲内容,"他们所笔录的大错特错,错的太可笑了。结果,几乎只能让我这个对考证学有兴趣的人,一直写下去。这便是我的《国学概论》记录本的来由"(《我与我的世界》四一《国学与国学概论》,三育图书公司,1972年)。尽管略带几分同行相轻甚至自我标榜的意味,但这两家报社派去记录的人员未能恪尽职守,确实是不争的事实。

《国学概论》付梓仅半年,就连续印行了五版。曹聚仁对此相当得意,在《五版自序》(载曹聚仁编《国学概论》,泰东图书局,

1923 年 5 月）中故意调侃道："我曾期待江苏省教育会底文言本出版，或者会使我明白自己有什么缺点而使我得以修正；但是这期待到现在还只是期待。"到晚年撰写回忆录时，他更是直言不讳："省教育会所请的两位记录，虽是老年人，他们也不懂，所以记不下去。"（《我与我的世界》四一《国学与国学概论》）。然而就在 1923 年 4 月，一部题为"张冥飞、严柏梁笔录加注"的《章太炎国学讲演集》由中华国学研究会印行，内容正是此次系列演讲的文言记录稿。该书的版权页除了明确交代笔述者为长沙张冥飞、加注者为湖州严柏梁外，还列有嘉善鲍定一、青浦鲁承庄、德清虞悟旭等一众校阅者。其中仅身为南社成员的张冥飞略微知名，"一度任南方大学教授，为文主切实用，不主张浮夸虚饰及诡怪瑰奇以炫世俗"（郑逸梅《南社丛谈》九《南社社友事略》，上海人民出版社，1981 年），其余诸人的生平行事则难以详考，但籍贯都属江浙一带，而江苏省教育会的成员主要就来自江浙地区的政、学、商各界。据此推测，此书应该就是曹聚仁所期待的由江苏省教育会主持整理的文言记录稿。

　　尽管《章太炎国学讲演集》的出版比《国学概论》迟了半年，可依然很受读者欢迎，平民印务局（1924 年）、梁溪图书馆（1926）、新文化书社（1935 年）、文海出版社（1973）等都先后多次翻印过此书。究其原委，其实也不难推知。虽然章太炎在演讲时已经力求浅近，可内容遍及经学、哲学和文学等多个门类，对绝大多数听众而言仍显得艰深费解。张、严两位对演讲内容详加注释和评议，全书虽以浅近文言撰就，但较诸曹聚仁仅录讲辞而毫无评注的白话本，似乎更容易满足普通读者的需求。但据章门弟子沈延国所述,章太炎晚年曾提到:"昔在江苏教育会演讲,曹聚仁所记录(即泰东图书局出版的《国学概论》),错误较少;而另一本用文言文记录的,则不可卒读。"(《章太炎先生在苏州》,载《苏州文史资料选辑》第十二辑,政协江苏省苏州市文史资料研究委员会,1984 年)尽管并未明言,可矛头所指显而易见正是张、严两位的评注本。章氏嫡孙章念驰在搜集其演讲稿时曾大费踌躇,因为"大多演讲是别人记录的,有的演说没有经他认定,记录者水平又有高下,文章的质量会受影响"(《章太炎全集·演讲集·前言》,上海人民出版社,2015 年)。有关这次在上海的系列演讲,他经过一番筛选别择,最终采纳了曹聚仁的整理本,并改题为《国学十讲》(收入《章太炎全集·演讲集》,按:章念驰谓此次演讲时间为 4 月 1 日至 6 月 7 日,又称《国学概论》出版于 1929 年,并误),而舍弃了张冥飞、严柏梁的评注本,毫无疑问和章氏本人的意见有关。

不过评注本究竟如何"不可卒读",还是令人颇感好奇的。与曹聚仁的整理本相较,两者最大的差异即在于语体上的文白之别,而从中似乎又能折射出邀请方和演讲者之间的微妙分歧。1922 年 3 月 29 日《申报》上刊登的新闻《省教育会请章太炎先生讲国学》,合盘道出了主办者筹划此次演讲的初衷,乃是痛感"自欧风东渐,竞尚西学,研究国学者日稀"的现状,认为"西方之新学说或已早见于我国古籍",因此"同人深惧国学之衰微,又念国学之根柢最深者,无如章太炎先生。爰特敦请先生莅会,主讲国学",显然是想倚重章太炎的威望,达到鼓吹旧学而贬抑新学的目的。这番宣传在学界迅速激起了很大的反响,章氏早年的弟子周作人在尚未知悉具体情况之下,于 4 月 10 日撰写《思想界的倾向》(载 1922 年 4 月 23 日《晨报副镌》,收入《谈虎集》,北新书局,1928 年),一开篇就忧心忡忡地指出:"我看现在思想界的情形,推测将来的趋势,不禁使我深抱杞忧,因为据我看来,这是一个国粹主义勃兴的局面,他的必然的两种倾向是复古与排外。"随即深为惋叹地提到:"听说上海已经有这样的言论,说太炎先生讲演国学了,可见白话新文学都是毫无价值的东西了;由此可以知道我的杞忧不是完全无根的。"在最先刊布的演讲内容中,除了《民国日报》之外,《新闻报》和《申报》上的连载都使用文言,或许正是由此造成了周作人的误会,以为章氏在演讲中反对"白话新文学"。其实章太炎虽然对方兴未艾的白话新诗颇持异议,却并未一概否定白话的价值。根据曹聚仁的记录,他在演讲时还专门提到:"白话记述,古时素来有的,《尚书》的诰诰全是当时的白话,汉代的手诏,差不多亦是当时的白话,经史所载更多照实写出的。"(《国学概论》第一章《概论》)有意思的是,在张冥飞、严柏梁的文言评注本中,这段议论却荡然无存,表明记录者并不认可这番对白话的褒扬。曹聚仁后来撰有《文白论战史话》(收入《笔端》,天马书店,1935 年),其中有一节"上海的复古倾向",顺带提到过此事,也可资参证:"民国十一年,江苏省教育会请章太炎先生演讲国学,本是沈信卿他们有计划的复古运动;太炎先生个性很强,他的讲演并不利于复古,社会的反应也很轻微,那回复古,可说是完全失败的。"更直截了当地指出章太炎演讲的旨趣不尽符合主办方的要求。评注本故意隐没这段针对白话的讲辞,无疑是事出有因的。

文言与白话虽然是语体的差异,可往往也关乎文章的丰神意韵。曹聚仁称道章氏"论学论事,如说家常,时常插入风趣的谈话,浅易处常有至理"(《章太炎先生》,收入《文思》,北新书局,1937 年)。如此驾轻就熟、收放自如的风采,在白话版《国学概论》中就很能彰显,到了文言版《章太炎国学讲演集》中就大为逊色了。比如前者记录了这样一段讲辞:"凡称之为诗,都要有韵,有韵方能传达情感。现在白话诗不用韵,即使也有美感,只应归入散文,不必算诗。日本和尚娶妻食肉,我曾说他们可称居士等等,何必称做和尚呢?诗何以要有韵呢?这是自然的趋势。诗歌本来脱口而出,自有天然的风韵,这种韵,可达那神妙的意思。你看,动物中不能言语,他们专以幽美的声调传达彼等的感情,可见诗是必要有韵的。'诗言志,歌永言,声依永,律和声',这几句话,是大家知道的。我们仔细讲起来,也证明诗是必要韵的。我们更看现今戏子所唱的二黄西皮,文理上很不通,但彼等也因有韵的原故。"(《国学概论》第一章《概论》)先用日本和尚能够娶妻食肉来嘲讽白话诗的名实不副,又以鸟兽啼鸣和优伶唱戏来佐证诗歌必须用韵。后者则将这段演讲记录如下:"《尚书》曰:'诗言志,歌永言,声依永,律和声'云云,可见诗必有韵,方能传达情绪,若无韵亦能传达情绪,则亦不必称之为诗。譬如日本和尚吃肉娶妻,可称之为居士,不必称之为和尚。今之好为无韵新诗者,亦是吃肉娶妻之和尚类也。"(《章太炎国学讲演集·第三日讲学记》)且不论未能保留"你看""我们更看"等容易营造出现场感的口语词,因而失去了口吻毕肖的效果,单以内容而言,也只剩下日本和尚一例,而将其他两例略去不提。章太炎早年流亡日本，"就想披起袈裟做个和尚，不与那学界政界的人再通问讯"（《东京留学生欢迎会演说辞》，收入《章太炎全集·演讲集》），对日本和尚的情况自然不会陌生，演讲时信手拈来，必定能使气氛显得更为轻松活泼。而用来强调诗歌必须有韵的另两例，论证的逻辑并不严密，甚至显得有些枝蔓芜杂。即便是曹聚仁本人，后来在《章太炎先生》一文中转录当年的记录稿，也只节引至日本和尚即止。不过如此毫不经心、自由散漫的闲谈，却颇具传神写照的功效，别有任意挥洒的意趣可供读者仔细玩味。

章太炎在演讲中时常会兴之所至地大跑野马，在概述汉代以来今文、古文两大经学派别的发展演变后，就兴致勃勃地插叙了一段往事："自孙诒让以后，经典大衰。像他这样大有成就的古文学家，因为没有卓异的今文学家和他对抗，竟因此经典一落千丈，这是可叹的。我们更可知学术的进步，是靠着争辩，双方反对愈激烈，收效方愈增大。我在日本主《民报》笔政，梁启超主《新民丛报》笔政，双方为国体问题辩论得很激烈，很有色彩，后来《新民丛报》停版，我们也就搁笔，这是事同一例的。"（《国学概论》第二章《国学的派别（一）——经学的派别》）《章太炎国学讲演集》也没有记录这段内容，或许认为此类有关私人恩怨的轶事琐谈无关宏旨吧。不过中规中矩地围绕设定的主题来确定记录的内容，所呈现的章太炎的形象终究显得过于拘谨严肃，失去了嬉笑怒骂、庄谐并出的本来面目。当然，现场的听众们对此大概也并不感兴趣，恰如曹聚仁所感叹的那样，"这五六十个听众中，并没有皮锡瑞、康有为其人，老实说大家并不关心今古文家的争辩，甚至连什么叫做今古文家都不明白"（《关于章太炎先生的回忆》,收入《文思》)。可幸亏有他这些细心的记录,后人才能借此遥想章氏究竟是怎样"如唐·吉诃德一样向羊群舞矛"(同上),体会到他当时落寞孤寂的心境。

张冥飞、严柏梁的评注虽然旨在为读者扫除阅读障碍,可有时却与章太炎持论相左。例如他们记录章氏解释"经书"时说:"'经'字原意,乃是'一经一纬'之'经',即线是也。所谓'经书',无非是一种线装书之谓。……古代记事书于简,不及百名者书于方。事多一简不能尽,遂连数简而记之,连各简之线,即'经'是矣。盖'经'之为书,特当代记述较详而时常备阅者。不但不含有宗教意味,即汉时训'经'为'常道',亦非本意。"在评注中先概述历代载籍形制的递嬗迁变,最后强调说:"用线装订成书,始于宋季镂版印书之后,古书编之可考者如此。今谓'经'为线装书之意,似仍不如训'经'为'常道'之说为长。"(《章太炎国学讲演集·第一日讲学记》)平情而论,评注的意见更近于事实。可章太炎如此诠释并非信口乱道,而是他一以贯之的主张。晚年在章氏国学讲习会授课时,他仍然坚持:"经之训常,乃后起之意。……今人书册用纸,贯之以线,古代无纸,以青丝绳贯竹简为之。用绳贯穿,故谓之经。经者,今所谓线装书矣。"(王乘六、诸祖耿记录《经学略说(上)》,收入《章太炎全集·演讲集》)之所以有这样的界说,其实也别有用意。章太炎虽然大力提倡读经,甚至认为"于今读经,有千利无一弊也",可并不像康有为等今文学家那样奉经书为圣典,甚至大肆鼓吹尊孔复古,而是要将读经落实在"修己治人"之上(王謇、吴契宁、王乘六、诸祖耿记录《论读经有利而无弊》,收入《章太炎全集·演讲集》),因此自然要以平实切近之语来开示引导后学。评注者未能仔细体察章氏用心所在而妄加非议,当然不能令他满意。

　　兴许是出于个人的喜好,评注者有时还会有意歪曲讲辞的原意,势必会引发章太炎更多的不悦。例如章氏主张撰作文章者必须通晓文字、音韵、训诂之学,在评注本中有这样一段记录:"清桐城派略通小学,所引古书,知者则用,不知者仍不敢用,故尚无贻笑处。"随后有评注云:"清古文家,有桐城派之目,始自方望溪(苞),盛于姚惜抱(鼐),至曾涤生(国藩)极推崇之而名愈震。其作文也,格律谨严,非经史中雅驯之字不敢用,故为斥弛之士所不喜,然理法井井,终不可没。"(《章太炎国学讲演集·第二日讲学记》)乍读之下,似乎会以为章氏对桐城派颇为许可,实则大谬不然。章太炎对桐城派并无好感,甚至直斥道:"桐城诸家,本未得程朱要领,徒援引肤末,大言自壮。"(《訄书重订本·清儒第十二》,上海人民出版社,2014 年)反观曹聚仁当时的记录——"桐城派也懂得小学,但比较的少用工夫,所以他们对于古书中不能明白的字,便不引用,这是消极的免除笑柄的办法,事实上总行不去的"(《国学概论》第一章《概论》)——显然更能代表章氏的真实想法。

　　当然,评注本虽因种种原因而导致"不可卒读",但也并非一无是处。就体例而言,正式付梓的《国学概论》已经依照章节体重新整合,将演讲内容分为五章。尽管结构上更为整饬明晰,可演讲的具体进程却无从追索。而《章太炎国学讲演集》则依照"第一日讲学记"至"第十日讲学记"的顺序逐日编排,虽然不免有割裂之弊,比如在讲到"治国学之法"时,所列"辨书籍真伪"

"通小学"和"明地理""知古今人情变迁""辨文学应用"等五项内容居然分属第二、第三两次演讲,不过倒是可以由此了解演讲时的进度安排,并进而考察章太炎的兴趣所在。就内容而言,《章太炎国学讲演集》虽多错谬疏漏,可普通读者其实还是需要借助注释才能读懂原文。曹聚仁就提到日译本《国学概论》附有注解,以至他"原想翻检《章氏丛书》,也作一回笺注工作;可是动起手来,非三五年不能完成"(《中国学术思想史随笔》第十一部分《述学》),最终只能放弃。《国学概论》虽然附录了邵力子、裘可桴、曹聚仁的数篇文章,针对演讲内容提出商讨,但涉及的问题毕竟有限。倘有学者参酌评注本再做一番删汰繁芜、补苴罅漏的工作,甚至将这些不同的记录稿相互比勘以见其异同取舍,必定能裨益后学,甚至嘉惠学林。

重读黄节《读诗三札记》

钱锺书在《石语》(中国社会科学出版社,1996年)里记录了不少陈衍针对时人的刻薄讥诮,其中一则说道:"清华教诗学者,闻为黄晦闻,此君才薄如纸,七言近体较可讽味,终不免干枯竭蹶。又闻其撰曹子建、阮嗣宗诗笺,此等诗何用注释乎?"语气中满是不屑,大有文人相轻的意味。遭此酷评的黄节平生不轻言著述,几乎没有什么专门论著,只留下《汉魏乐府风笺》《曹子建诗注》《阮步兵咏怀诗注》《谢康乐诗注》等一系列诗集笺注。这些述而不作的作品,大部分都是他在北大、清华任教时为讲课之需而编纂的讲义。在今日衮衮诸公眼中,此类古籍整理之作大概也的确不能算是什么学术成果,但对于当年听讲的学生而言,还是从中获益匪浅。20世纪20年代末在清华研究院师从黄节研习汉魏六朝乐府的萧涤非,还曾将其授课中"超出于文字蹊径之外,而为注解所未详者"择要笔录,以《读曹子建诗札记》《读阮嗣宗诗札记》和《读谢康乐诗札记》的名目陆续发表在《学衡》《清华中国文学会月刊》等刊物上。到了1956年,萧涤非又将这三篇汇为《读诗三札记》,加上说明缘起的《前记》,交由作家出版社出版。全书总共才四十页,是名副其实的戋戋小册。

萧涤非在《前记》中说:"先生的言论是不可能都正确的,但为了保存真象,作为一种历史文献,在这里除了补正一些字句的讹脱外,不拟作任何修改。"若与最初发表在刊物上的文本比对一番,不难发现修改的地方其实并不少,并不限于简单的补正。例如《读阮嗣宗诗札记》(载1929年《学衡》第七十期)在叙述宋儒误解阮籍时,原来还曾提到"司马氏《资治通鉴》于嗣宗诗亦抑之于嵇康之下,只附录数首";在论及"历代文人多以高名见杀"时,此前所举例证中还有"在嗣宗前者如屈原"云云。诸如此类,揆诸事实,均属子虚乌有,读来令人莫名究竟。尽管这些疏漏是否源于授课者的口误已无从考实,但笔受者的粗浮失察显然是难辞其咎的。乘着结集成书的机会,正好把这些错谬删削殆尽,以免贻误读者。这也恰好证明笔受者对于这次整理重印极为重视,并未敷衍塞责,虚应故事。

尽管距离当年课堂听讲已经倏忽过了二十多年,时移世易,今非昔比,但正如萧涤非在《前记》中所言,这些议论"无论是对研究者或创作者来说,都是值得重视的"。即便仅是吉光片羽,也足以让读者领略先贤论诗衡文的精义妙谛。而对那些曾经亲承音旨的学生而言,讽诵之余的感受自然更为亲切。早先在北大听过黄节授课的伍叔傥,从1957年起曾受邀至香港新亚书院讲授《文心雕龙》和《昭明文选》。据昔日的学生陈绍棠回忆,某次在书店与老师不期而遇,伍氏"在书架上找出一本薄薄的小册子《读诗三札记》,是萧涤非上黄节先生诗学课时的笔记。伍师打开小册子有关曹植(子建)一章,指点我书中的好处,见我有点茫然样子,便随手用笔写出他的解说。……同门佘汝丰兄知道《读诗三札记》是伍师所推荐,连忙借去以工笔抄录全书,当时尚没有影印机,一时成为友侪中的佳话"(《农圃师恩深似海》,载《多情六十年——新亚书院的过去、现在与未来》,香港中文大学新亚书院,2009年)。从时间上推断,这正是《读诗三札记》出版不久之后发生的事情,从中正可以看到学术薪火的绵延承传。

《札记》持论通达平正,并不故作惊听回视之论,但也不乏发覆起潜之说。例如《读阮嗣宗诗札记》说:"魏晋之交,老庄之学盛行,嗣宗亦著有《达老》《通庄》之论,然嗣宗实一纯粹之儒家也。内怀悲天悯人之心,而遭时不可为之世,于是乃混迹老庄,以玄虚恬淡,深自韬晦,盖所谓有托而逃焉者也,非嗣宗之初心也。此点自来无人见得。……假如嗣宗真如所谓'天挺无欲,混齐荣辱,颐神大素,简迈时局'者,则亦不至蒿目时艰,而徘徊切怛,以作《咏怀》诗矣。即作又何至如此之多也!此岂道家'绝圣弃智'以文字为糟粕之旨哉。……天下最冷淡人,往往是最热心肠人。吾人于嗣宗之诗之个性皆当作如是观,方不受其愚也。"早在1926年出版的《阮步兵咏怀诗注》中,黄节已经发表过类似的意见,该书《自序》说:"古之人有自绝于富贵者矣,若自绝于礼法,则以礼法已为奸人假窃,不如绝之。其视富贵有同盗贼,志在济世而迹落穷途,情伤一时而心存百代。如嗣宗岂徒自绝于富贵而已邪。"按《世说新语·任诞》载:"阮籍嫂尝还家,籍见与别。或讥之,籍曰:'礼岂为我辈设也!'"《晋书》本传称:"籍又能为青白眼,见礼俗之士,以白眼对之。"故后人多视阮籍为放浪形骸、非毁礼法之辈,几为定论。黄节则着眼于世态人心,剖析其放荡不俭背后所深藏的悲悯无奈,颇显知人论世的敏锐深刻。后人评论黄节本人的诗歌创作,谓其"五言探嗣宗,兴寄有高调",又说"《蒹葭楼诗》有通嗣宗之神理而遗其貌者"(钱仲联《论近代诗四十家》,载《社会科学战线》1983年第2期),足见他对步兵之诗寝馈至深,因而体会自然也就更为真切。

《札记》中的这番议论,很容易让人联想到鲁迅对阮籍、嵇康等人的评说。在1927年发表的《魏晋风度及文章与药及酒之关系》(收入《而已集》,北新书局,1928年)中,鲁迅提到:"嵇阮的罪名,一向说他们毁坏礼教。但据我个人的意见,这判断是错的。魏晋时代,崇奉礼教的看来似乎不错,而实在是毁坏礼教,不信礼教的。表面上毁坏礼教者,实则倒是承认礼教,太相信礼教。因为魏晋时所谓崇奉礼教,是用以自利,那崇奉也不过偶然崇奉,……于是老实人以为如此利用,亵黩了礼教,不平之极,无计可施,激而变成不谈礼教,不信礼教,甚至于反对礼教。——但其实不过是态度,至于他们的本心,恐怕倒是相信礼教,当作至宝。……因为他们生于乱世,不得已,才有这样的行为,并非他们的本态。但又于此可见魏晋的破坏礼教者,实在是相信礼教到固执之极的。"和黄节一样,鲁迅对阮籍等人也满怀了解之同情,将他们毁弃礼法的行为视作对现实政治的抗争。鲁迅与黄节于1922年至1926年期间曾在北大共事,后者的《阮步兵咏怀诗注》也于1926年由北大出版部印行,鲁迅的议论究竟是受了黄节的启发,抑或只是英雄所见略同,倒是令人颇感兴味的话题。

《读诗三札记》评述的对象虽然只有曹植、阮籍和谢灵运三位,却时常着眼于历代诗学的递嬗演变,体现出会通古今的眼光。黄节在讲课时尤为关注"尽得古今之体势"的杜甫与三位前辈诗人之间的关联,如《读曹子建诗札记》称曹植"只将当日实事,委曲写出,令人于言外见其意。……后人惟杜工部解此",又认为"曹氏父子,多借古题作新诗,与五言诗无异,其音节亦多乖离。子建五言诗与乐府之分别,亦只在借题与否。……后杜工部知乐府万不可拟,故另创新题,作乐府,为乐府之又一变";《读阮嗣宗诗札记》评论阮籍诗作"所用双声叠韵字颇多,后人惟工部注意及此";又提到"《咏怀》诗中亦有咏从军者,如其三十九'壮士何慷慨,志欲威八荒'是也。然此种诗易落平凡,故杜工部《出塞》诸作便换一方向,专写当时情事矣";《读谢康乐诗札记》述及谢灵运的《泰山吟》,认为"凡写山水,愈大亦愈难。古今诗人咏泰山之作多矣,惟此篇与杜甫《望岳》为能写出其伟大之气象",又说道"双声叠韵,在六朝时,诗家文家,皆极注意。唐宋以下,此道不讲,惟工部一人,尚经意为之。康乐诗中此类对语极多"。作为当年的笔受者,萧涤非对这些评论的领会显然较旁人更为深刻。他后来的治学兴趣由汉魏六朝乐府扩展至杜甫,如能沿波讨源,实有脉络可循。其代表作《杜甫研究》(齐鲁书社,1980 年)中的某些论述,与老师的启发就是密不可分的。例如书中《会当临绝顶　一览众山小——谈杜甫的〈望岳〉》一篇,在分析"齐鲁青未了"句时说:"它既不是抽象地说泰山高,也不是像谢灵运《泰山吟》那样用'崔崒刺云天'这类一般化的语言来形容,而是别出心裁,根据自己的实践,在齐鲁两大国的国境外还能望见这一远距离来烘托出泰山之高。"就是在黄节评说的基础上，对谢、杜两家诗作做了更为细致的分析比较。尽管萧涤非晚年为了突出"老先生出于爱国的愤激心情"对自己的深远影响，而尤为强调"对于先师黄晦闻先生，我是服膺的，也是感激的，但并非单纯地为了他的学问和对个人的私恩"（《汉魏六朝乐府文学史·后记》，人民文学出版社，1984 年），但学问上的濡染熏陶，应该也是考察他们之间承传关系时不容忽视的重要关节。

不出版，就出局？

柳存仁在 1940 年发表的一篇《北大和北大人——记北京大学的教授》(载 1940 年《宇宙风乙刊》第三十期)中说："北京大学的教授们的生活，也不庄严，也不枯燥，只是一种合理的修养和不断的增加学问的总成绩。近年以来，虽然刘半农、黄节、钱玄同先生都相继逝世了，可是沈兼士先生的文字学，唐兰先生的甲骨金石，罗常培、魏建功先生的语音声韵，余嘉锡、赵万里先生的目录版本，胡适、郑奠、罗庸先生的文学史，孙楷第先生的小说史，顾随先生的戏曲，如果不能够被认为是代表中国全国的最高的权威，那么，你应该可以告诉我谁是比他们更好的。"这份名单中的绝大部分人物，至今仍是各个领域当之无愧的权威。相形之下，罗庸就让现在的读者感觉陌生得多。这位一度出任系主任却又英年早逝的中文系教授留下的论著寥寥无几，最知名的一部《鸭池十讲》，也不过是面向青年学生的演讲稿汇编，算不上学术专著。依照时下"不出版，就出局"(publish or perish)的评审体制，要保住教职恐怕都有些岌岌可危。

钱锺书《围城》里说："教授成为名教授，有两个阶段：第一是讲义当著作,第二著作当讲义。"虽是一时戏言,但当年的风气确实如此。正如冯友兰晚年回忆在北大求学的经历时所讲的那样:"那时候,对于教师的考验,是看他能不能发讲义,以及讲义有什么内容。"(《三松堂自序》第八章《北京大学》,生活·读书·新知三联书店,1984年)现代学术史上的不少名著——像刘师培《中国中古文学史》、黄侃《文心雕龙札记》、鲁迅《中国小说史略》等等——原本都是北大讲义。只是绝大部分讲义都只是粗陈梗概,具体授课时还需要教师根据实际情况借题发挥。相较而言,学生的课堂笔录就更具有现场感,虽然也不可能做到完全复原。曾在罗庸"中国文学史分期研究"课堂上听讲的学生郑临川于1982年将自己四十多年前的听课笔记整理成《罗庸论魏晋南北朝文学与唐宋文学》;又过了二十年,这份课堂笔录才和另一份整理稿合刊为《篪吹弦诵传薪录——闻一多、罗庸论中国古典文学》(上海古籍出版社,2002年)。既然这份笔录分为《魏晋南北朝文学》和《唐宋文学》两部分,不妨就各取一脔,略窥这位昔日名师的风范。

先看《魏晋南北朝文学》部分。第二讲《元康文学与过江名士》中有一节《山水文学之肇始》,在简要回顾《诗经》《楚辞》对山水风景的描写之后,特别提到:"惟地志书记山川,迄西晋而无正式山川文学产生。"进而又指出:"在谢灵运以前完全写山川之诗极少,文章更少,欲求此类材料,东晋之前惟二路可循,其一观记述山川之书,其二观描写山川之文体。"随即不厌其烦地将《隋书·经籍志》所记地理类书分为十类,逐一举例说明。然后加以总结:"其著书目的在于实用而不在欣赏景物,近于历史者多。

再自三国迄西晋之末，观其文人单篇之山川描写多用赋体，用散文描写者绝少，惟用赋之弊在观察不深，喜叠用前人旧句，其欣赏风物之程度实甚肤浅。至东晋而散文之记以出，如王羲之《游四郡记》、慧远《庐山记》，但仍自地理书蜕化而来。"最后归结到晋宋之际山水诗的产生："南方山川远胜朔方，故自晋室南迁，北人乍见此景，不知不觉自口头加以描写，后移入文字，然用韵文良多拘束，不足以容其新创之词汇，故有散文记之产生。至谢灵运乃回头将山川之描写入于韵文，故能卓然成家，然犹时时见其笨重处。迄惠连、玄晖而日有进步，工而弥巧矣。"整节内容虽不足千字，却仍能看出视角的新颖独特。

为了证明所言非虚，不妨参照一下日本学者小尾郊一的《中国文学中所表现的自然与自然观》。这部 20 世纪 60 年代问世的汉学名著曾以晋宋之际的山水游记和地方志为中心，来探讨"南朝文学中所表现的自然和自然观"。全书于 80 年代末被译为汉语（邵毅平译，上海古籍出版社，1989 年），因其视野开阔、资料详密而引起不少中国学者的赞叹。有一篇书评特别指出："一经对比，我们还不得不承认它所引证的资料有许多是至今不被我们注意的，比如游记和地志。对于我们传统的文学观念来说，地志从未登过'文学之堂'，但是，小尾郊一却从当时大量游记和突然兴起的地方志撰写现象中，找出了它们与文学的相同之处。"（戴燕《在研究方法之后——读小尾郊一〈中国文学中所表现的自然与自然观〉及顾彬〈中国文人的自然观〉》，载《文学遗产》1992 年第一期）现在看来，尽管罗庸的课堂讲授做不到像小尾的书面论述那般周详细致，但说后者"所引证的资料有许多是至今不被我们注意的"，恐怕就要稍做修正了。

再举一个《唐宋文学》部分的例子。第四讲《晚唐五代文学及其文艺论》中有一节附论《日本空海〈文镜秘府论〉》，对此书的结构、内容、价值等逐一做了介绍。其中述及："此书成于日本，在中国不甚流传，近代日本学者铃木虎雄作《中国文艺论》尝略引之，乃为国人所注意，乃有汉译本之出现。"此处笔录的内容颇有歧义，《文镜秘府论》本以汉语撰著，并不需要汉译；所谓"乃有汉译本之出现"，或指孙俍工翻译的铃木虎雄《中国古代文艺论史》（北新书局，1928 年）。不过，换一个角度来看，笔录者的疏漏恰好说明当时学生对新材料、新成果还较为陌生。

虽然晚清杨守敬在《日本访书录》中对《文镜秘府论》的文献价值早就有介绍，之后储皖峰、郭绍虞、罗根泽等学者也根据其中资料考述过声病、对属等问题，但在大学的文学史课程中专门介绍此书，这应该称得上是空前的创举吧？罗庸在课堂上考虑的恐怕不是依照什么部颁教学大纲传授所谓系统的知识，而是如何去拓展学生的学术视野，并进而将琐屑的表象提升到相当的高度去加以考量。这方面他也亲身示范，最后由《文镜秘府论》推衍开去，强调"凡在历史潮流进行中所选择保存者，必为当时较高之成就，而一般流行于社会间价值不甚高之文物，往往遭受淘汰，而空海书中所收却属于后一类者，即保留了唐代一般通行之文籍"，因而"治文学史须注意二事：（1）注意某时代中文人必读之书本，（2）注意某时代流行之陋书"。研究文学史固然要聚焦精英和经典，但也不能忽视大众和凡俗——这样宏通的识见，对于学生的影响无疑是深远的。听过他讲课的詹锳在 1945

年撰写《四声与五音》（载 1947 年《现代学报》第一卷第九、十期合刊，增订后收入《语言文学与心理学论集》，齐鲁书社，1989年），受到他指导的逯钦立于 1948 年发表《四声考》（载 1948 年《学原》第三卷第一期，收入《汉魏六朝文学论集》，陕西人民出版社，1979 年），都曾利用过《文镜秘府论》中的资料。此外，1940年入北大文科研究所求学的王利器，在抗战胜利后又"应聘来北京大学中文系任教，始得见弘法大师《文镜秘府论》"，而其"研究范围，乃由《文心雕龙》发展到《文镜秘府论》"（王贞琼、王贞一整理《王利器学述·我与〈文心雕龙〉》，浙江人民出版社，1999 年），并最终完成《文镜秘府论校注》（中国社会科学出版社，1983 年），在兴趣转向的背后是否也有罗庸的些许影响呢？

　　当然，学生听课再认真，也难免偶尔走神；课堂笔录再周详，也略有一二缺漏。罗庸指导过的另一位学生阴法鲁就曾经"回想起罗庸先生在 30 年代就曾讲过曹操的《短歌行》（其一）是宴会中宾主唱和之作"，并由此"受到深刻的启发，就按着这种思路，试着分析《诗经》各篇的结构"（曾贻芬《阴法鲁先生访谈录》，载《史学史研究》1997 年第二期）。在这份课堂笔录中就没有涉及相关的内容。这的确让人感到有一丝遗憾，但换个角度看，无意间布下的留白，不更让我们在掩卷之余愈加遥想罗庸在课堂上逸兴遄飞、咳唾成玉的场景，以及当年那个即使不出版也不会就此出局的大学校园吗？

【附记】

　　本文发表时原题作"不出版，就出送？"，系借用西谚"publish

or perish",并参考了高克毅、高克永编著的《最新通俗美语词典》（香港中文大学出版社，2004 年）。高氏昆仲将其译作"不出版，就完蛋"，但在诠说时特意提到："此语妙在双声叠韵，中文无法传神。勉强用沪俚翻译：不出版，就出送。'出送'者，送上西天也。"喜其鲜活泼辣，故糅合了这两种不同译文。兹承王婧娅女史提醒，恐因方言俚俗而有碍读者理解，因予改正如是。

《石语》内外的叶长青

1932 年旧历除夕的那天，客居苏州胭脂桥寓所的老诗人陈衍与前来拜望的年轻后生钱锺书相谈甚欢。抛开了敷衍客套的私人谈话当然不必顾虑太多，陈衍一时兴起，居然恣意臧否起不少文人学者，词锋之犀利，措辞之刻薄，几乎到了肆无忌惮的程度。虽然可以借此推知他对某些人事的真实想法，不过有时也正因为放言无忌而难免夸张失实。他批评道："叶长青余所不喜，人尚聪明，而浮躁不切实。其先世数代皆短寿，长青惟有修相以延年耳。新撰《文心雕龙》《诗品》二注，多拾余牙慧。序中有斥梁任公语，亦余向来持论如此。"(钱锺书《石语》，中国社会科学出版社，1996 年）所述就与实际情况多有出入，不能轻易采信。

遭到如此鄙薄厌弃的叶长青，本名俊生，字长青，又作长卿，福建闽县人，与祖籍福建侯官的陈衍可算是同乡。两人的年纪则相差四十多岁，几乎是祖孙两辈人。叶氏早年就读于厦门大学教育系，因为喜好诗文，勤勉治学，深得时任国文系主任陈衍的赏识，不仅推荐他担任自己的助教，后来还追忆说"余初至厦门大学,可与言诗者,惟叶生俊生长青、龚生达清",并盛赞叶氏"劬于著作,诗亦绝去俗尘",甚至提到"俊生读诗,抑扬抗坠,能仿余声调,余家儿童皆以为逼肖"(《石遗室诗话》卷二十九,商务印书馆,1929年),足见对其青睐有加。叶长青早年有不少著作,如《闽方言考》《版本学》《文字学名词诠释》等,也先后呈送陈衍阅正并请求赐序。陈衍每次都来者不拒,欣然慨允,且多有奖饰之词,如在《文字学名词诠释》(上海群众图书公司,1927年)的序言中就感叹道:"余教授南北学校三十年,于京师大学得中江刘复礼、象山陈汉章、诸暨徐道政、番禺黄式渔,皆精经学、小学,为乾嘉诸老畏友无愧色。十余年投老乡井,与诸子天各一方。晚乃复得吾邑叶生长卿,能治文字学。既成《闽方言考》行世,益娓力请业,昕夕不少倦。"俨然已将叶氏视为登堂入室的衣钵传人。

叶长青也不负厚望,不久又考取北京大学研究所国学门通讯研究生。其后转至金陵大学任教,陈衍特意撰写《送叶长青赴金陵大学教授序》(《石遗室文集·四集》,石遗室家刻本),在表彰"叶生长青劬学,勤述作,骎骎于古"之余,还认为他此去得以和同道"朝夕切劘,为学日益可知矣","吾道张王,未可量也",殷切期盼之情溢于言表。到了1930年,叶氏又受聘为无锡国学专修学校教授。刚到不久,他就向校长唐文治大力推荐陈衍。据唐氏《茹经先生自订年谱》(无锡国学专修学校,1935年)"民国二十年"条记载,本年"函聘福建陈石遗名衍为本校讲师","门人叶长青介绍来校,深为可喜"。足证叶氏知恩图报,并未忘记陈衍对自己的奖掖勖勉。

依照无锡国专当年的课程安排,选修科辞章类的"文学批

评"一项中列有《文心雕龙》和《诗品》,作为第二或第三学年的选
修课程,合计共有三学分。开设这两门课程的教授都需要自行
编纂讲义,如钱基博就撰有《文心雕龙校读记》(无锡国学专修学
校,1935年)和《钟嵘诗品校读记》(载1931年《小雅》第四期)。
叶长青也讲授过这两门课程,并分别撰著《文心雕龙杂记》(福州
职业中学印刷工厂,1933年)和《钟嵘诗品集释》(华通书局,1933
年)。陈衍所说的"新撰《文心雕龙》《诗品》二注",毫无疑问就是
指这两部授课讲义。而从时间上来推断,叶氏在付梓前就已将
书稿呈送给他过目,请益赐正的用意不言而喻。

在《文心雕龙杂记》正式出版时,书前确实冠有陈衍所撰写
的序言,一如既往地对弟子大加褒奖:"长青富著述,近又出视
《文心雕龙杂记》,其所献替,虽使彦和复生,亦当俯首,纪河间以
下毋论矣。读刘著者,可断言其必需乎此也。"推重此书议论精
当,即使《文心雕龙》的作者刘勰复生,也不会有任何异议;而评
点考校过《文心雕龙》的清代学者纪晓岚,更是瞠乎其后,相形见
绌。虽然都是些冠冕堂皇的门面话,但也可见师生情谊非比寻
常。作为授课时使用的讲义,并不需要都依据自己的治学心得,
征引介绍旁人的研究成果也无可非议。叶氏在《杂记》中便引述
过吴曾祺、林纾、黄侃、刘师培等近代学者以及同事兼好友钱基
博的不少意见,可唯独并无一言提及陈衍。就两人的关系而言,
如果他确实参考过陈氏的论著,绝无可能故意干没,或是讳而不
言;而陈衍更不会对此视若无睹,隐忍不发。其实叶长青没有在
书中称引师说,也是情有可原的。陈衍素以博学多才自诩,除了
诗文创作外,生平著述遍及四部,甚至还编纂过《烹饪教科书》

（商务印书馆，1915 年），津津乐道地推介过"石遗室菜谱"，可偏偏在《文心雕龙》方面乏善可陈，并无专门著述。叶长青此前编撰过《石遗室丛书提要》（载 1927 年《国学专刊》第一卷第四期），对陈氏的著述情况了若指掌，倘若他真有相关研究，即便仅是只言片语，也绝不会疏忽遗漏。

陈衍虽然没有为《钟嵘诗品集释》再撰一序，书中倒确实引述过他的意见，书后所附《〈钟嵘诗品集释〉引用各书书目及著者姓名》里也明确列有他撰著的《钟嵘诗品平议》和《诗学概论》。厦门大学部分师生在 1926 年曾筹划成立国学专刊社，一致推举陈衍担任主任，叶长青担任社长；与此同时又创办《国学专刊》杂志，由叶长青负责具体编务。《钟嵘诗品平议》就发表在 1927 年《国学专刊》的第一卷第四期上，自然经过叶氏的审校编辑。《诗学概论》虽然是未刊稿（福建省图书馆藏有陈氏《诗学概要》残稿，当即此书，整理本已收入钱仲联编校《陈衍诗论合集》，福建人民出版社，1999 年），但叶氏得近水楼台之便，无疑也早已寓目。在上述《石遗室丛书提要》中，他就对这两部著作赞不绝口，称道《钟嵘诗品平议》对原书"虽有然否，而平允处实多"，又推许《诗学概论》"全书篇幅虽少，皆精谛所在"。在自己动手编撰《钟嵘诗品集释》时加以借鉴参考，无疑是顺理成章的事情。由此可见，陈衍所谓的"拾余牙慧"，应该只是指《钟嵘诗品集释》而言，《文心雕龙杂记》不过是连带而及罢了。

尽管叶长青确实参酌过陈衍的著作，但陈氏径称其为"拾余牙慧"，则不免有些过甚其词。《钟嵘诗品集释》意在旁搜远绍，取精用宏，主要参考的是此前出版的陈延杰《诗品注》（开明书店,1927年)、古直《钟记室诗品笺》(聚珍仿宋印书局,1928年)和许文玉《诗品释》(北京大学出版部,1929年)。至于陈衍的那两部著作,在书中所占比重则远不能与这三家注本相提并论。这也怪不得叶长青,而是陈衍在撰写时奉行的宗旨使然。《钟嵘诗品平议》采取传统诗话的体式,在摘引若干片段后加以评赏议论,并非针对全书的笺注考订;《诗学概论》则纵览历代诗歌的递嬗迁变,《诗品》只是作为参考资料,而非研究对象。更何况在他的评论中还时常透露出偏见和误解,更令人在采摭取舍时颇费踌躇。尤其是《钟嵘诗品平议》一书,屡屡非议钟嵘的评断。追根究底就在于陈氏认为钟嵘缺乏创作才能,"未闻传其只字,存其片羽","尚何足论说短长,是非丹素"。《石语》中记录了他的一番议论,也可以拿来作为参照:"论诗必须诗人,知此中甘苦者,方能不中不远,否则附庸风雅,开口便错,钟嵘是其例也。"钱锺书在随文附注中就明确指出:"详见《诗品平议》卷下。"直至《石遗室诗话续编》(无锡国学专修学校,1935年)卷一中,陈衍仍持同样的论调,坚称钟嵘"自不能诗","乃复道说短长","夫谁信之"? 作为久负盛名的同光体诗人,他自然看不惯门外汉在面前指手画脚。《石语》中还载有他随口提及的一段隐秘:"钟嵘《诗品》乃湖外伪体之圣经,予作评议,所以捣钝贼之巢穴也,然亦以此为湘绮门下所骂。"可见他醉翁之意不在酒,撰著此书实际上是为了借题发挥,去抨击王闿运等湖湘派诗人。既然原本就志不在此,叶长青对其论著未能多予称引也就无可厚非了。

至于陈衍为了证明叶氏袭用自己的观点而举出的重要佐证,即所谓"序中有斥梁任公语,亦余向来持论如此"云云,其实也只是虚张声势,经不起覆按查证。钟嵘在《诗品》中将西汉时的李陵(字少卿)列为上品诗人,对与他齐名并称的苏武(字子卿)则不予置评。然而在《诗品序》中历数"五言之警策"时,却又提到了与苏武相关的"子卿双凫"。这似乎有些自相矛盾,情理难通。徐中舒在 1927 年撰写的《五言诗发生时期的讨论》(载《东方杂志》第二十四卷第十八号)中,率先引述了梁启超的一番猜测:"六朝时有个苏子卿,而苏武也字子卿。《诗品》说'子卿双凫',这个'子卿'就是六朝的苏子卿。"梁启超是徐中舒在清华研究院求学时的导师,想来在授课时两人就曾经讨论过这个话题。陈延杰、古直两家笺注出版较早,还没能参考徐氏的论文,稍后问世的许文玉《诗品释》则直接迻录由徐氏转述的梁说作为注释。叶长青对此说却颇不以为然,在《集释》中并没有引录,还在《自叙》中专门讨论了这个问题。他从北周诗人庾信的《哀江南赋》中发现了"李陵之双凫永去,苏武之一雁空飞"的句子,与"双凫"联系在一起的居然是李陵而非苏武,据此提出质问:"六朝另有一苏子卿,六朝另有一李陵乎?"他又认为苏武《别李陵诗》中的"双凫俱北飞,一凫独南翔",就对应着李陵《录别诗》中的"尔行西南游,我独东北翔"和"双凫相背飞"诸句,因此完全不必质疑其可信度。此外,梁启超所谓"六朝的苏子卿",在现存各类文献中均称其为陈代人,生活于齐梁时期的钟嵘又"何由预知而评之乎"?尽管并未彻底解决这个难题,但这些质疑确实敏锐地发现了梁启超在大胆假设之余还缺少小心求证。

在去世后才整理出版的遗著《中国之美文及其历史》(中华书局,1936 年)中,梁启超对自己先前的推断做了非常明显的修正,语气也变得小心谨慎,不再是那么理直气壮了:"窃疑魏别有一人字子卿者,今所传苏武诗六首皆其所作,自后人以诸诗全归诸武,并其人之姓名亦不传矣。"索性就不提什么"六朝的苏子卿",而另外假设了一位生活在三国曹魏时期、姓名早已湮没无闻的诗人。当然,他也明白"此说别无他证,不敢妄主张,姑提出俟后之好古者",仅是姑妄言之而已。反观陈衍的《钟嵘诗品平议》,只是浮泛地评论道:"夫五言古首推苏、李,子卿与少卿并称。李诗固悽怨,所谓愁苦易好也;苏诗则恳至悱恻,岂遂欢娱难工乎?钟上品数少卿而不及子卿,深所未解。"仅对钟嵘忽视苏武的诗作表示困惑不解,根本就没有对梁启超的意见提出任何批评商榷。他所标榜的"余向来持论如此",究竟是指什么,实在令人费解。恐怕只是为了一时逞强炫耀,才会在钱锺书面前如此信口开河。

陈衍对叶长青的指摘固然不足凭信,但《集释》对各家论著加以剪裁排比,终究难以洗脱"拾人牙慧"的嫌疑。如果各家论著原书俱存,那么《集释》一书更是形同鸡肋。不过细究其实,情况却并非如此。书中征引过的一些资料极为稀见,比如冯振的《诗品》批语、陈柱的《诗品约注》等,从未正式刊行。冯氏当时也在无锡国专任教,陈氏更是"长青文字骨肉"(陈衍《石遗室诗话》卷二十九)。正是凭借着与他们的交谊,叶长青才得以参考其论说。虽然只是吉光片羽,却仍弥足珍视。而像许文玉的注本,后来经过修订增补,改题为《钟嵘诗品讲疏》,收入许氏所撰《文论讲疏》(正中书局,1937年)之中,后来又有与《人间词话讲疏》合订一册的影印本(成都古籍书店,1983年),流传相当广泛,但最初的《诗品释》(北京大学出版部,1929 年)仅印行五百部,知者寥寥。通过叶氏的征引,也可以了解其概况。

在汇集他人成果的同时,叶长青还会施加按语以拾遗补阙。如钟嵘提到曹魏时阮瑀等人的创作"并平典不失古体,大检似"。前人多不详"大检似"之意,陈延杰、古直、许文玉等对此也都阙而未注。叶氏则在按语中指出"犹言大较一揆",并引《三国志·吴志·步骘传》中"至于趣舍大检,不犯四者,俱一揆也"的记载以证成此说。陈延杰在数十年后修订《诗品注》(人民文学出版社,1960 年),又添加了一条注释:"余藏有明钞本《诗品》,'大检似'作'大抵相似'。"其实在《吟窗杂录》《格致丛书》《诗法统宗》《朱评词府灵蛇》等数种《诗品》版本中,也都作"大抵相似"(参见曹旭《诗品集注》,上海古籍出版社,2011 年)。虽然异文产生的原因尚不明确,但也可以作为旁证,说明叶氏的训释确切无误。叶长青在无锡国专还曾开设过史学类课程,并撰有《文史通义注》(无锡国学专修学校,1935 年)。他能在此处释疑解惑,显然得益于对史籍的娴熟。其后问世的《诗品》注本也大都沿袭叶说,如王叔岷《钟嵘诗品笺证稿》("中研院"中国文哲研究所,1994 年)就迻录了叶氏的按语,并补充说:"'大检似',即'大抵相似'之意。《步骘传》之'大检',亦犹'大抵'也。"吕德申《钟嵘诗品校释》(北京大学出版社,1986 年)释"大检似"为"大致相似",同样引《三国志·吴志·步骘传》为据,应该也是受了叶氏的启发。可惜现代诸多《三国志》研究者并未留意到叶氏的意见,汇聚诸家之长的卢弼《三国志集解》(古籍出版社,1957 年)就未对"大检"做过诠释,张舜徽主编《三国志辞典》(山东教育出版社,

1992 年)也没有列出"大检"词条。即此一端,也可见叶长青并不甘于"拾人牙慧",而是力求有自己的新发现。

对于陈衍的揄扬提携,叶长青始终感念在心,并恪守"有事弟子服其劳"的古训,不仅早就着手替《石遗室诗集》作注,又为陈声暨、王真编撰的《侯官陈石遗先生年谱》做过补订,在陈衍去世之后还打算续编年谱以成完璧。只是随着抗战军兴,时局动荡,他也被迫弃文从政,转入仕途。陈衍曾说"长青惟有修相以延年",言外似已预知其不寿,孰料竟然一语成谶。叶氏在 1946 年前后辞世,享年尚不足五十岁。非但预定的撰著计划未能如愿完成,早年的诸多著作也来不及补苴罅漏。陈庆浩在《钟嵘诗品集校》(东亚出版中心,1977 年)中就批评《钟嵘诗品集释》"校勘粗略,错字特多","实为一极坏本子"。虽然所言非虚,但若能参酌相关资料,将全书细致地校勘一遍,这部能够展现当年《诗品》研究整体格局和水平的著作还是很值得一读的。

两本书的命运

　　余冠英在 1941 年发表书评《介绍〈精读指导举隅〉》(载 1941 年《国文月刊》第一卷第十期)，推荐商务印书馆刚印行不久的由叶圣陶与朱自清合作完成的新著："本书编撰者叶、朱两先生的学力及教授国文的经验是多数读者所知道的，他们来写这样的书，自然是十分合宜，写得好，自然更不是意外。难得的是这样的谨慎用心，所谓'狮子搏兔亦用全力'，这种精神也是可赞佩的。"尽管余冠英在清华求学时曾师从朱自清，但这番评论并非出于个人阿好之私，因为两位名家能够暂时抛开手头繁忙的事务，精心结撰一本旨在提高中学国文教学质量的普及读物，确实难能可贵。朱自清本人对此也相当满意，曾向初学者特别介绍："这是详细的讲解，注重怎样分析语文的意义。恕我'戏台里喝彩'，推荐了自己的书。"(《中学生与文艺》，载 1947 年《中学生》总第 187 期)尽管全书只选了六篇文章作为示范，但两位作者都为之倾尽全力。其中一篇是胡适的《谈新诗》，由朱自清负责撰写《指导大概》，就充分发挥他在新诗创作和研究方面的优势。他先前推出过个人的新诗、散文合集《踪迹》(亚东图书馆，1924

年），又与俞平伯、周作人等合作出版新诗集《雪朝》（商务印书馆，1922 年）；还受托编撰了《中国新文学大系》（上海良友图书印刷公司，1935 年）中的诗集部分，并为此撰写《现代诗歌导论》，开篇就从胡适的新诗以及相关论述——其中就包括《谈新诗》——入手进行评述。显而易见，他是最适合撰文评介《谈新诗》的人选。

《精读指导举隅》出版后不久，叶、朱两位又继续联手编撰《略读指导举隅》，仍然一如既往地抱着"谨慎的用心的"态度。在确定选目时，就经过反复推敲。最初拟定的书目中还包括梁启超的《常识文范》——中华书局在 1916 年郑重推出这部《饮冰室合集》的精选本时，就特别强调它"实具有普通国文读本之性质，可为学校用，亦可为自修用"（《常识文范·例言》）。然而以"屡变"且"善变"著称的梁启超，终究赶不上时代的"骤变"和"巨变"。到了 1941 年，针对好友浦江清提出应以《古文观止》作为高中文言教材的倡议，朱自清评说道："我想再加两部书补充《古文观止》的不足：一是梁启超先生的《常识文范》（中华版），二是《蔡孑民先生言行录》（新潮社版）。这两部书里所收集的都是清末和民初的杂志文字。梁先生的文字比较早些，典故多些，句式也杂些，得仔细选录。蔡先生的却简明朴素，跟现行的应用的文言差不多，初中里就可以用。"（《论教本与写作》，载 1941 年《国文月刊》第一卷第十期）尽管仍做郑重推荐，但对梁氏已略有微词。而在次年发表的《论大学国文选目》（收入叶绍钧、朱自清《国文教学》，开明书店，1945 年）中，朱自清更加直接地批评说："其实就是梁启超先生的文体，也已和新文言隔了一层，他的《常识文范》早已不是'文范'了。"在反复权衡之后，《略读指导举隅》最终还是舍弃了略显落伍的《常识文范》，而择取相对简洁明白的《蔡孑民先生言行录》，由此可见两位作者为此颇费斟酌。朱自清病逝后，叶圣陶在总结亡友的毕生业绩时特别提到："又有《精读指导举隅》《略读指导举隅》（商务版，与圣陶合作），这两本书类似'教案'，希望同行举一而反三。"（《朱佩弦先生》，载 1948年《中学生》总第 203 期）尽管下语极有分寸，但足以证明这次合作在他心中的地位相当重要。

　　然而，这两种凝聚作者极多心血，且在当时广受欢迎的国文读本，在 50 年代以后的命运却相当坎坷。台湾商务印书馆虽曾然将两书先后收入"人人文库"和"新岫庐"丛书中予以重印，但鉴于叶圣陶出任过中华人民共和国出版总署副署长、教育部副部长等职务，为避免政治上不必要的麻烦，遂将署名由原先的"叶绍钧、朱自清著"擅自改为"朱自清著"，直接抹杀前者所做的贡献。而在中国大陆，这两本书的多舛命运更令人唏嘘感慨，数十年间居然从未再度付梓，几乎湮没无闻。虽然叶圣陶曾经主管着整个国家的出版行业，但对此恐怕也束手无策，甚至很少再提及它们。原因其实很简单，两书选目中包括了蒋中正的《第二期抗战开端告全国国民书》、胡适的《谈新诗》和《胡适文选》，这些只能作为控诉和批判的对象，怎么能够配得上研读和欣赏？另外还有意大利作家亚米契斯的日记体小说《爱的教育》，书中所宣扬的"亲子之爱、师友之情、朋友之谊、乡国之感、社会之同情"（夏丏尊《〈爱的教育〉译者序言》，开明书店，1935 年），也和以阶级斗争为纲的时代氛围格格不入。因此，尽管朱自清因为"表现了我们民族的英雄气概"（毛泽东《别了，司徒雷登》）而受到过最高领袖的大力表彰，叶圣陶在 1949 年后更是长期身居文教、出版界的要职，但在这样的局势下，这两本书无疑是乏人问津，甚至避之唯恐不及的。

直至 1988 年，河南教育出版社才将两书合订为一册印行，在《出版者前言》中曾道出个中缘由："叶、朱两位先生的这两种书，既是教师教学的借鉴，也是学生自学的门径，可惜由于种种原因，绝版已四十余年，现在合为一册修订重印，仍有实用和研究价值。"只是仍然将《第二期抗战开端告全国国民书》和《胡适文存》两篇径直删去，看来对于"种种原因"还是颇多顾忌，不敢稍越雷池一步。不过合订本仍有值得关注的地方，重编者在《编后记》中特意提及："叶老病愈出院回家，得知我正准备编这两本书，当即指出，《泷冈阡表》一文最后一段讲官职的地方当时未说周全，现在既然重编，需要补充。随后，就将这一段改写了。叶老是九十多岁的老人，对读者如此认真负责的精神，令人无限感佩，更值得我们后辈学习。"其实，叶、朱两位早在当年就有过频繁的切磋交流，"把稿子交换着看，提出修正的意见，修正过后再交换着看"（叶圣陶《〈读书指导〉后记》）。在叶圣陶当年的日记中，曾提到自己把《泷冈阡表》的《指导大概》"寄佩弦，请其审阅"（1940 年 9 月 28 日，《叶圣陶集》第十九册，江苏教育出版社，2004 年），不久之后，"得佩弦信，专述看了我稿之意见，大体上均表满意，提出一二点商量处，皆无关重要。切磋之乐，余素鲜尝，今乃得之于佩弦，快甚"（同上书，1940 年 10 月 15 日）。可见编撰之际并未率尔操觚，而是往复商讨，精益求精。然则又何必如此认真修订呢？不妨先看看改写的具体情况。欧阳修《泷冈阡表》位列《精读指导举隅》首篇，在叶圣陶执笔的《指导大概》中，曾对各段大意略做提示，其中说道："第七段记作表的年月与作表当时自己的赐号、官职、封爵、禄秩及名字，也是传记一类文字的格式。"经过修改之后，内容大为充实："第七段记作表的年月，并署名。年月日文字这样完备，可省的也不省是表示郑重。这是作父亲的墓表，所以自称'男修表'。名字上面写自己的官衔，也是碑志一类文字的格式。这里所叙官衔，从'推诚'到'特进'，是荣衔，非实官；'观文殿学士'本来是官名，但非曾执政者不授，也是荣衔；从'行兵部尚书'到'安抚使'，是现任的官职；'上柱国'是勋位；'安乐郡开国公'是爵号；'食邑''食实封'若干户，是禄秩，与封爵连在一起的，只表示秩，非俸给的数目。"不仅对个别措辞仔细推敲，将"传记一类文字的格式"改为"碑志一类文字的格式"，显得更为贴切准确；对原先语焉不详的职官情况更是不厌其烦地详做交代。虽然增补的内容稍显琐屑，无关宏旨，但"可省的也不省"，不也正是为了"表示郑重"吗？时隔半个世纪，历经多次运动，步入暮年而读写俱废的作者依然如此不惮繁难，说明内心深处其实并未忘情于斯，尽管那一次呈现给读者的并不是原书的全貌。

　　所幸中华书局在 2013 年终于又将两书收入"跟大师学语文"系列中重新刊行，并恢复了原先违碍遭禁的篇目。只是其中内容均依照 40 年代商务印书馆所刊版本，并未参酌合订本中所做的补充修订。另外，两书原本都列入叶圣陶策划的"国文教学丛刊"之中，因而在商务版的卷首都有时任国民政府四川省教育厅长郭有守(字子杰)的《国文教学丛刊序》。可在中华新印本中却径予删除,并无任何说明,也许仍有"种种原因"横亘胸中。其实此序本由叶圣陶代笔,他在日记中就已明言:"今日代子杰作《国文教学丛刊》序文,丛刊即余所编诸书之总名也。"(1941 年 1 月 9 日,《叶圣陶集》第十九册)序言所述对于了解两书的编撰旨趣及出版背景多有助益。日后两书如能重印,似当附上《泷冈阡表》的改正稿和《国文教学丛刊序》,以见其递嬗始末。唯有如此,所谓"对读者如此认真负责的精神,令人无限感佩,更值得我们后辈学习"云云,才算真正落到了实处吧。

误解与正解

早在孔德学校任教期间，周作人就"曾经给学生讲过一部《孟子》《颜氏家训》和几卷《东坡尺牍》"（《隅卿纪念》，载 1935 年 5 月 19 日《大公报·文艺副刊》，收入《苦茶随笔》，北新书局，1935 年）；其后在北大开设"六朝散文"课程，仍然将历来被视作修身持家读物的《颜氏家训》列为讲授内容。个中缘由正如他后来在演讲中所说的那样："《颜氏家训》本不是文学书，其中的文章却写得很好，尤其是颜之推的思想，其明达不但为两汉人所不及，即使他生在现代，也不算落伍的人物。对各方面他都具有很真切的了解，没一点固执之处。"（《中国新文学的源流》第二讲，人文书店，1934 年）在揄扬备至中呈现出颇为独特的阅读趣味。

既然有着格外的偏嗜，研读当然也应更加精彩，可惜当年课堂上的讲义并未留存。幸好周作人在 1934 年 4 月写过一篇《颜氏家训》（载 1934 年 4 月 14 日《大公报·文艺副刊》，收入《夜读抄》，北新书局，1934 年），摘引原书不少片段并加以评析，倒是可以借此略窥究竟。比如书中《风操》篇有一段言及六朝丧葬习俗："偏傍之书，死有归杀。子孙逃窜，莫肯在家。画瓦书符，作诸厌胜。丧出之日,门前然火,户外列灰,祓送家鬼,章断注连。凡如此比,不近有情,乃儒雅之罪人,弹议所当加也。"周作人就格外称赏,认为由此"可以见颜君的识见,宽严得中,而文词温润与情调相副,极不易得"。只是"章断注连"一句颇为费解,即便是受他推重的清人卢文弨校注本,对此也未置一词。周作人参考《倭名类聚抄》《和汉三才图会》等详加考索,认为"注连"一词,"日本古书写作端出之绳",而"章断"当与之意近;"此种草绳,古时或以圈围地域,遮止侵入,今在宗教仪式上尚保存其意义,悬于神社以防亵渎,新年施诸人家入口,则以辟邪鬼也。《家训》意谓送鬼出门,悬绳于外,阻其复返,大旨已可明白"。其实在数年前,他就有过类似的推测。《语丝》杂志于 1926 年连载过他翻译的《古事记神代卷》,在第二十九节叙述"布刀玉命急忙将注连挂在后面"时,有译注云:"注连系采用《颜氏家训》语,亦作标绳。……用作禁止出入的标志,当挂在神社入口,今正月人家门口亦犹用之,盖以辟不祥也。"(载《语丝》第七十八期)就联系《风操》篇加以介绍。周氏在《颜氏家训》中的结论与此一脉相承,而阐述得更为周详。他晚年校订《古事记》译文(人民文学出版社,1963 年),对译注曾予以增删,可依然言及"注连系用《颜氏家训》原语,《日本书纪》写作'端出之绳'"云云,可见自始至终均持此观点。

尽管周作人只是通过散文和译著来略述己见,但因能发前人未发之覆,还是引起其他学者的关注。刘盼遂在《颜氏家训校笺补证》(载 1931 年《女师大学术季刊》第二卷第一期)中就迻录了《古事记神代卷》的译注,并加按语说:"以稻草之标绳为'注

连'，当有所出，姑志以俟知者。"因不明详情而深表遗憾。杨联
陞的《〈老君音诵诫经〉校释》(载 1956 年《"中央研究院"历史语
言研究所集刊》第二十八本)在笺注"幽谪不解，复注子孙"数句
时，也顺带提到："《颜氏家训·风操》'袚送家鬼，章断注连'，注
连之注即此复注子孙之注。又日本有注连绳，祠祀时用为隔绝
之标识。"虽然没有明言，恐怕也参酌过周氏的意见。因为就在
撰作此文期间，他曾提到"近看周遐寿《鲁迅的故家》《鲁迅小说
里的人物》两书"(1956 年 5 月 2 日《致胡适》，载胡适纪念馆编
《论学谈诗二十年：胡适杨联陞往来书札》，安徽教育出版社，
2001 年)，又说"我近来收集周作人一生的书，已近八九册"(同上
书，1956 年 5 月 11 日《致胡适》)，对其著述绝不会陌生。周法高
则在《颜氏家训汇注》("中央研究院"历史语言研究所，1960 年)
中引录刘、杨两家之说而别无异词，等于间接受了周氏的结
论。周作人虽非严格意义上的学者，但在民俗、风物等领域涉猎
广博，对日本文化尤为深造有得；且就研究方法而言，实即"取异
族之故书与吾国之旧籍互相补正"(陈寅恪《王静安先生遗书
序》，收入《金明馆丛稿二编》，上海古籍出版社，1980 年)，颇能顺
应晚近学术研究的新潮流。刘、杨、周三位采信其说，正是顺理
成章的事情。

　　不过在《颜氏家训》一文中，周作人也婉转地提到："至于章
断注连字义如何解释，则尚未能确说耳。"对于自己的判断是否
准确，其实并无十足把握。时隔半个多世纪，王利器的《颜氏家
训集解》(中华书局，1993 年)就并不认同周说。在仔细搜寻相关
书证后，他认为"章"乃道教徒举行法事时上达章奏，"注"则指疾

病,因而"章断注连者,谓上章以求断绝亡人之殃注复连也"。为了彻底批驳周氏,他着重探究"注连"的确切含义,首先发现《幽明录》中有"更相注连,凶祸不已"的记载,"与颜氏所说正同,持以较日本之所谓注连,其事各别";随后引录《抱朴子》"后子孙转相注易"以及《释名》"注病,一人死,一人复得,气相灌注也"等内容,指出"注易即注连",而"注病即今之传染病"。王氏另撰有《肘后方的贡献》(载《成都大学学报》1989年第3期),提到葛洪《肘后》中有"治尸注鬼注方",得此病者"累年积月,渐就顿滞,以至于死,死后复传之旁人,乃至灭门";进一步证实"章断注连"是指"向天曹呈上章奏,请求送走家宅瘟神,断绝注连祸殃耳"。周作人的大胆猜测,至此才终被判定并不足取。

周作人在《颜氏家训》中还特别指出,由于作者屡经丧乱,故"积其一身数十年患难之经验,成此二十篇书以为子孙后车,其要旨不外慎言检迹,正是当然。易言之即苟全性命于乱世之意也。但是这也何足为病呢,别人的书所说无非也只是怎样苟全性命于治世而已,近来有识者高唱学问易主赶快投降,似乎也是这一路的意思罢"。对个别词句的误解毕竟无伤大雅,而且经过后来者的不懈努力,终究能够寻得正解;而这番对全书旨趣的解读虽属正解,但在特定时局下过分强调渲染,却不免误人惑世,某种程度上又未尝不可谓之为误解。此时距他落水附逆还有数年,但其最终接受伪职似乎也能从这番评论中捕捉到些许蛛丝马迹。在抗战即将胜利之际,周作人写过一篇《文坛之外》(收入《立春以前》,太平书局,1945年),感慨道:"我的理想是颜之推的《家训》,但是这怎能企及,明知是妄念,也是取法乎上的意思,所谓虽不能至,心向往之而已。"尽管时异势殊,对颜氏的遭际却感同身受而欲加仿效,此前标举的"苟全性命于乱世"更不啻为替自己所做的辩解。

与周作人的推崇倾慕截然相反,鲁迅对《颜氏家训》并无好感。他在 1933 年 10 月所写的《扑空》(载 1933 年 10 月 23、24 日《申报·自由谈》,收入《准风月谈》,兴中书局,1934 年)中对"颜氏的渡世法"多有讥评,认为"假使青年,中年,老年,有着这颜氏式道德者多,则在中国社会上,实是一个严重的问题,有荡涤的必要"。这显然是借题发挥,反对将颜氏迫不得已的无奈抉择转化为心安理得的生存技巧。文章直接针对的虽然是正向年轻人推荐《颜氏家训》的施蛰存,但也着重声明:"问题是不专在个人的,这是时代思潮的一部。"对于乃弟的志趣喜好,鲁迅无疑知之甚深,所谓"时代思潮的一部"是否包括业已和自己形同陌路的周作人在内呢? 其中颇耐人寻味。

【附记】

本文发表后,承邬国平先生惠示摄于日本神社的注连绳照片,并详予解说,谨致谢忱。

党同伐异与郢书燕说

　　杨守敬于光绪年间赴日本访求善本，发现了一部在中土失传已久的唐人小说《游仙窟》，尽管称其内容乃"以骈丽之辞写猥亵之状"（《日本访书志》卷八），略有贬抑之词，可仍然引起不少后来学者的关注。在北大讲授小说史的鲁迅就格外留意，所编讲义中说："唐又有张文成《游仙窟》，中国已佚，惟日本有之。"（《鲁迅小说史大略》，陕西人民出版社，1981年）根据讲义润饰而成的《中国小说史略》对该书的介绍更为细致，还"略录数十言以见大概"（《中国小说史略》，人民文学出版社，1979年）。日记中还有"沈尹默寄来《游仙窟钞》一部两本"（《鲁迅日记》1922年2月17日条，人民文学出版社，1976年）的记录，依其积习，应该是准备据此整理原作，以备进一步研究。不过他最终并未亲自披挂上阵，而是促成同乡小友川岛（章廷谦）来完成此事；其后在着手校录唐宋小说时，也因为川岛的校订本"方图版行，故不编入"（《唐宋传奇集·序例》，文学古籍刊行社，1956年），足见提携奖掖之意。

　　川岛后来曾详述事情原委：1926年2月，他与鲁迅商讨整理事宜,"鲁迅先生听说我有此意图,就鼓励我","把所藏的《游仙窟抄》通行本借给我了";可他随即发现"其中文字脱讹颇多","总想找到一个善本校订一下";到1927年上半年,他把稿件"寄给在广州的鲁迅先生,请他再为我校订一遍";接着从鲁迅那里听说北大新进获赠日本影印的醍醐寺本,就又把整理稿寄给周作人,"托他代我就近再校一遍";而鲁迅另外又访得一种日本刻本,"亲笔正楷给我抄了一本寄来";最后"经过了两年多的时间,几种本子的校勘,觉得大致可以说是没有什么问题,所以付印了"(《记重印〈游仙窟〉》,收入《和鲁迅相处的日子》,人民文学出版社,1958年)。往返周折中,居然先后得到早已反目的周氏昆仲的鼎力襄助,着实令人甚感意外。

时间拖了那么久,固然可见郑重其事,但也暗伏危机,因为当时有意整理此书的其实不乏其人。胡适就曾表态:"我当整理此书,为作一序,另印一本。"(曹伯言整理《胡适日记全编》1926年9月24日条,安徽教育出版社,2001年)郑振铎也已经得到影印的醍醐寺本,感慨"《游仙窟》的发现,尤足以使我们明白了中国小说史上的一件向未泄露的消息"(《关于游仙窟》,载1929年《文学周报》第八卷第二期);还特意约请谢六逸翻译日本学者山田孝雄的《游仙窟解题》,附在自己文章之后。胡、郑都是研究小说的名家,一旦捷足先登,那么川岛、鲁迅、周作人,甚至承接出版事务的北新书局老板李小峰为此所付出的辛劳,无形中就会大打折扣。鲁迅在事后就暗自庆幸:"我因听见郑公振铎等,亦在排印,乃力催小峰,而仍无大效。后来看见《文学周报》上大讲该《窟》,以为北新之本,必致落后矣。而不料现在北新本居然印行,郑公本却尚未出世,《文周》之大讲,一若替李公小峰登广告也者。"(1929 年 3 月 15 日《致章廷谦》,收入《鲁迅书信集》,人民文学出版社,1976 年)

说到为川岛做广告,郑振铎只是无心插柳,周作人则是刻意为之。他在 1928 年 4 月的《北新》第二卷第十号上发表《夜读抄·游仙窟》,谈起"阅日本幸田露伴著《蜗牛庵夜谈》,第一篇是讲中国小说《游仙窟》的",并提及"川岛君把它整理标点,不久就将出版",随后将幸田所述内容择要译出。此文后来作为附录收入川岛校点本中,宣传鼓吹之意不言而喻。

只是川岛并未如愿成为《游仙窟》的首位整理者,就在其标点本于 1929 年 2 月正式问世的十个月前,开明书店居然抢先推出了陈乃乾的校订本。始料未及的周作人毫不怠慢,立刻赶写了一篇《〈游仙窟〉》,发表在上述同一期《北新》上,提到"据我所见的翻印本已经有两种了:其一是川岛标点本,由北新书局出版单行,其二是陈氏慎初堂校印本,为《古佚小说丛刊》初集的第一种";随后指摘后者多有讹脱,而这些弊病"均已在川岛本照改"。不过仔细覆按,其中却多有蹊跷。首先,在他撰文之时,川岛校点本尚未付梓,但其叙述却让人误以为早已出版,且时间还在陈氏之前;其次,文中详述《游仙窟》的各种钞本、刻本,并据此纠正陈氏的错谬,也让人误会后者寡闻浅识,对此书的流传递嬗茫然无知。实则陈氏在叙录中早已缕述各种版本,并说"近闻日本山田孝雄氏古典保存会曾影印醍醐寺本,当取以勘之"(《〈古佚小说丛刊〉初集总目三种》,收入《陈乃乾文集》,国家图书馆出版社,2009 年),只是未能得便参校而已。为了维护自身利益而举贤不避亲,本是人之常情,但周作人却不惜为之诡言浮说而党同伐异,不免有违忠恕之道。德高望重的他在打击后生晚辈时也毫不留情,此文在 1932 年 1 月改题为《读游仙窟》,再次刊登在《燕京大学图书馆报》第二十一期上,后又收入《看云集》(开明书店,1932 年)中,不断地扩散影响。

毋庸讳言,陈乃乾的标校确有讹误,但正如周越然所言,"陈本出版最早,校印亦精,其卷首提要,虽只四百余字,实开后来研讨之门"(《谈游仙窟》,载 1945 年《文帖》第一卷第三期),首创之功仍不可没。而周作人的纠谬虽然大多可据,可也不无可商。比如他提到小说在传抄过程中混杂了部分日语,主人公在介绍自己时所说的"见宛河源道行军总管记室"就是一例,"这宛字也是日本字,意思是委付,交给"。周氏日文造诣深湛,所言自然能取信于人。在川岛整理本及稍后汪辟疆校录的《唐人小说》(神州国光社,1929 年)中就都作"见宛",并未因文意不通而擅作校改。尽管后来汪氏修订本《唐人小说》(古典文学出版社,1955年)和方诗铭校注本《游仙窟》(中国古典文学出版社,1955 年)在此处都径改为"见筅",但只是据文意所做的理校,并未深究周氏所说是否恰当。

时隔六十年,同样精擅日语的周一良对此提出异议。他早年购读的《游仙窟》正是陈氏校印本(参见《周一良读书题记》,海豚出版社,2012 年),到晚年则专门写了一篇《说宛》予以研讨。他提到除了《游仙窟》,在唐代来华的日本僧人圆仁、圆珍的著作中,"皆有用作动词之'宛'字,以汉文习惯绳之,甚不可解"。他注意到周作人的意见,但认为只是"强作解人,犹未达一间也"。

在考察了诸多唐代及日本古代写本后,他发现"唐人写'充'字有时与'宛'字上部写法极为相似",而日本"自平安时代即沿唐人俗体书风,写充字近似宛字,流行既久,先与宛无别,进而以宛代充矣",因此《游仙窟》等书中的"宛"字,"若一一读为充,视作充当,亦无不文从字顺,厘然有当矣"(载《纪念陈寅恪先生诞辰百年学术论文集》,北京大学出版社,1989 年)。简而言之,《游仙窟》中的"宛"并非周作人所说的日语,起初只是因字形相近而造成的讹误,其后才逐渐相沿成习。数年后,周一良翻译日本江户时代学者新井白石的自传,从其著述中发现早有"宛,俗充字"的记载,便在自己论文后又补上一则附记(收入《周一良集》第三卷《佛教史与敦煌学》,辽宁教育出版社,1998 年),进一步确证先前的结论。周氏的考证穷原竟委,足可信据——可惜近来出版的数种《游仙窟》校注本竟然都未曾提及——由此也可见古籍校勘并非如旁人所想象的那么简单,即便如周作人这样既坐拥善本又学殖深厚,在过度自信之余也难免郢书燕说。

小品岂可小视

晚明小品在现代文坛上时来运转,与周作人的揄扬推重颇有关联。在为沈启无所编《近代散文抄》(人文书店,1932 年)作序时,他就批评"向来不大看重或者简直抹杀明季公安、竟陵两派文章"的偏见,着力表彰该书"精密选择,录成两卷,各家菁华悉萃于此,不但便于阅读,而且使难得的古籍,久湮的妙文,有一部分通行于世,寒畯亦得有共赏的机会"(《〈近代散文抄〉新序》),对弟子的辛勤辑录极为称许。而此后刘大杰《晚明小品集》(北新书局,1934 年)、施蛰存《晚明二十家小品》(光明书局,1935 年)、王英《晚明小品文总集选》(南强书局,1935 年)、阿英《晚明小品文库》(大江书局,1936 年)等同类选本陆续问世,进一步掀起了购读的热潮。

周作人在 1937 年初春也买了一部刚出版不久的《晚明小品选注》,原以为"得有选本新著亦正慰情胜无耳",不料翻阅之后却有些懊恼,"未及遍读,只挑了袁中郎的几首游记来看,觉得未能满意"(《读〈晚明小品选注〉》,载 1937 年 5 月 6 日《益世报》)。此书由商务印书馆在前一年发行,周氏虽未点名道姓,但矛头所指无疑正是其编者朱剑心。平心而论，朱氏在编选过程中并未敷衍了事，不仅参考过众多明清别集、总集，以及沈启无、刘大杰、施蛰存、王英等现代各家选本，为了便利读者，还煞费苦心地为每篇选文添加注释。他在《叙例》中郑重说明："本书注释，力求简明。然一字之疑，必探其本；一句之晦，必竟其源。间有考检不获，则注明'未详'二字。"谦抑之余也不无自矜。在后来的回忆中，他仍自诩道："这些'选注'工作，本来无足轻重；但我却也借此寄托了一些怀抱，相当的用了一番苦工。这可以说是我研究学问的开始。"（《我的读书与写作》，载1943年《古今》第十七期）可惜吃力不讨好，正是这些注释引发了周作人的质疑，因为在他看来，"笺注实在不是容易的事"，朱氏所言"说得很好，可是做到很难"。

周作人的措辞看似轻描淡写，可随后所举的例证，确实都存在编者难辞其咎的硬伤。例如袁宏道（字中郎）在《西湖一》中提到"觅阿宾旧住僧房"，朱氏注云："阿宾，谓唐骆宾王。旧传宾王尝亡命为僧，住锡西湖。"周氏谓其牵强附会："案骆宾王虽然传说曾在灵隐寺遇见宋之问，这里的阿宾却并不是他。《解脱集》及梨云馆本都云阿宾，袁小修所编中郎全集中独改作小修二字，可知阿宾即是小修的小名也。"袁宏道的诗文集版本繁复，体例及内容多有不同。尤其是其弟袁中道（字小修）在编订全集时，"稍去其少年未定之语"（《袁中郎先生全集序》），做过一些删订润饰，因而与其他各本多有出入。周作人通过不同版本的相互比勘，便发现"阿宾"本是袁氏兄弟私下的昵称。其实还有更直接的证据，袁宏道《喜逢梅季豹》诗中有"宾也旷荡士"句，自注中早就提到："宾，小修小字。"足以证明周氏所言非虚。在随后撰写的《读〈解脱集〉》（载 1938 年 7 月 2 日《晨报》，收入《书房一角》，新民印书馆，1944 年）中，周作人再次提到袁宏道"诗文中又常提及阿宾，偶尔见之亦觉得有风致。中郎殁后，小修为订定全集，乃于其《西湖一》中改去觅阿宾旧住僧房一句，此等处均颇有情趣，思之亦复可笑可喜也"，看来对自己能够读书得间还是相当得意的。

朱剑心大概并不知晓周作人的批评，其书在 1947 年更名为《晚明小品文选》，列入商务印书馆"中学国文补充读本"中重印，并没有做任何修订。他后来细致研究过古人各种称谓方式，曾掷笔兴叹道："单是一个人的姓名，是多少简捷了当的事，却偏有这许多纷繁变化的称引，在文章里面杂乱的用着。我人生于后世，若是读书不广，看到一个古怪的人名，简直连查考也无从着手，对于这种纷繁变化的称引，真的只有'哭笑不得'。"（《中国人名之繁称》，载 1941 年《世界文化》第二卷第五辑）倘若知道自己对"阿宾"的理解也只是望文生义而妄加比附，想必更要"感慨系之"了。

尽管周作人在指摘朱氏时早已声明："不佞自己不能做选注工作，却来多说风凉话，自知不该，唯正因看重此种工作有益于人，故愿有所助益，贡其愚得。"仍然抱着与人为善的初衷。但在旁人看来，其前提居然是"未及遍读，只挑了袁中郎的几首游记来看"，未免有以偏概全之嫌。不过这也情有可原，因为在晚明作家中，周氏最欣赏的便是公安派袁氏兄弟。他在早年就推崇"公安派的人能够无视古文的正统，以抒情的态度作一切的文章,虽然后代批评家贬斥它为浅率空疏,实际却是真实的个性的表现"(《〈杂拌儿〉跋》,载俞平伯《杂拌儿》,开明书店,1928年)。1932年应邀至辅仁大学演讲时,他更指出:"从现代胡适之先生的主张里面减去他所受到的西洋的影响,科学、哲学、文学以及思想各方面的,那便是公安派的思想和主张了。而他们对于中国文学变迁的看法,较诸现代谈文学的人或者还更要清楚一点。"(《中国新文学的源流》第二讲,北平人文书店,1934年)甚至认为:"胡适之的所谓'八不主义',也即是公安派的所谓'独抒性灵,不拘格套'和'信腕信口,皆成律度'的主张的复活。所以,今次的文学运动,和明末的一次,其根本方向是相同的。"(同上书,第四讲)经过反复"正名",此前一度被妖魔化的公安派俨然成了新文学运动的先驱。作为公安派中最具影响的作家,袁宏道的声名更是扶摇直上。仅在20世纪30年代中期,就先后有中国图书馆出版部、大方书局、世界书局、国学整理社、广益书局等出版过他的诗文集,最知名的则是时代图书公司于1934年至1935年间推出的《袁中郎全集》。此书虽由初出茅庐的刘大杰负责校编,背后阵容却相当强大,不但由林语堂担任校阅并撰序,还另外约请周作人、郁达夫、阿英等名家赐序推介。周作人在序中特别强调"中郎是明季的新文学运动的领袖,然而他的著作不见得样样都好,篇篇都好","我想他的游记最有新意"(《重印袁中郎全集序》)。他在批评朱剑心时聚焦于袁氏的游记,由此看来,实属必然,正与此相应。

刘大杰的整理本如此兴师动众,固然便于造成轰动效应,但也容易激起别人的反感。鲁迅就对其中错谬屡屡讥嘲:"并不艰深的明人小品,标点者又是名人学士,还要闹出一些破句,可未免令人不遭蚊子叮,也要起疙瘩了。"(《点句的难》)"人古而事近的,就是袁中郎。这一班明末的作家,在文学史上,是自有他们的价值和地位的。而不幸被一群学者们捧了出来,颂扬,标点,印刷。"(《骂杀与捧杀》,两文均收入《花边文学》,人民文学出版社,1973年)周作人受人所托,当然不能像其兄长那样去拆台,但在序言里也委婉地提到:"重刊《中郎集》,鄙意以为最好用小修所编订本,而以别本校其异同,增加附录,似比另行编辑为适宜。"而他也正是通过"以别本校其异同",才轻而易举地发现并纠正了朱剑心的讹误。古人云:"观天下书未遍,不得妄下雌黄。"(颜之推《颜氏家训·勉学》)即便只是小品,又岂可小视哉!

胡怀琛《中国文学史略》点滴

上海梁溪图书馆在 1924 年出版了胡怀琛的《中国文学史略》,作者将各个时段都分成"此时代文学变迁之大势""此时代文学之特点"和"此时代文学家小传"三部分,章节安排虽然刻板到像是在敷衍,具体内容倒是颇具个性。自序中批评此前的各家文学史,或流于庞杂,或失之艰深。有鉴于此,他明确宣布了自己的宗旨:"首求界限分明,不相殽混;次则简明易读,使学者能得实益。"尤为引人瞩目的是,他竟然认为客观地介绍文学发展的历程既无必要,也不可能:"苟仅以客观态度,陈列往事,则古人原书具在,学者一一读之可也,何劳吾箸文学史为哉。原书既不能卒读,不得不有人为之提要钩玄,使之一览了然。一经钩提,即有主观参入其间矣。"而全书确有一些叙述迥异于别家,带有他个人的鲜明印记。如第六章在介绍南北朝文学时说道:"百济者,东亚之古国也。……南北朝时与中国通好,尝遣使至建业求书。此时日本尚无文字,百济与日本交通频繁,中国文化,遂由百济转输入日本。中国书籍,首流入日本者,为《论语》及《千字文》。嗣后日本发使至中国,求百工技艺及佛学者日众。及

隋,并遣留学生八人至中国留学。至唐,则留学者更盛矣。"到第
七章又意犹未尽地提到唐代的状况:"此时百济、新罗皆遣学生
至唐求学。日本亦置遣唐使,派学生至唐留学,比南北朝为更
盛,如粟田真人、吉备真备等,为日本留学生中最著者也。自是
以后,日本一切制度文物,悉效法于中国;今日日本之假名字母,
即此等留学生归国后之所造也。"频频言及百济、新罗、日本的来
华留学生,就与其兴趣爱好密切相关。他曾广泛搜集"外籍和少
数民族作者的汉文诗集,作者有日本、朝鲜、越南、俄罗斯等籍,
又得蒙、满、回、维吾尔等族、自元迄清末各种刻本、钞本千余种"
(周退密、宋路霞《上海近代藏书纪事诗·胡怀琛》,华东师范大
学出版社,1993 年),情之所钟,自然笔之于书。数年后,他又编
纂了一部《中国文学史概要》(商务印书馆,1931 年),在唐代部分
再做发挥:"在那时候高句丽等国都通行中国文,他们的文人也
都会做中国诗,渐渐的成为风气,一直到最近没有完全改变。"还
饶有兴致地介绍起崔致远、金立之、空海、小野篁等高丽、日本诗
人的汉诗。近年来域外汉籍研究已渐成显学,他可算是这一领
域中身体力行的先驱了。

胡怀琛在序中还提到:"吾编此书既成,而犹有零星史料,不
及编入者;乃各为别著一篇,使之自成系统,附于此书之后。"其
中一篇《古今儿童读物之变迁》,也是一般文学史中罕见的论题。
他认为:"欲谈文学,必先读书,而读书又必自儿童时始,故儿童
读物,在文学史中,亦一重要问题也。"然而"在前清末年,未有教
科书以前,儿童读物,大抵为《三字经》《百家姓》《千字文》《神童
诗》《四言杂字》等书",接着便一一缕述此类书籍的概况。这应

该也缘于他藏书中另有一大类为"旧时民间蒙学课本",前人虽每每弃若敝屣,"先生则视之为中国古文化之一叶,广征博搜,精淘细漉,数十年间竟收得历代刻本、钞本、油印本、翻译本数百种"(周退密、宋路霞《上海藏书纪事诗·胡怀琛》)。童蒙读物虽然浅俗简陋,但很多人的知识启蒙和文学训练实由此起步。在关注精英作家和经典著作之余,他又能聚焦于此,确实可谓独具慧眼。

更令人惊讶的是附录中还有一篇《中国之地方文学》。在介绍了《诗经》里的《国风》以及晚近诗家中的闽派、浙派之后,胡怀琛突然笔锋一转道:"至如纯然为一处方言、土字,而不通行于他处者,在现代有上海土话所译《圣经》,及苏白、粤讴等种,时见于报章及书籍。他省人读之,则不啻英国人之读法文矣。"为了展现方言文学的意趣,还特意征引了一段"上海土话所译《圣经》":"百合花,是帕勒斯汀(案'帕勒斯汀'地名)顶好看个一种花。拉夏天,更加茂盛。耶稣拿第个花做比方,勿是话花有啥个信仰,是话到花能觳顺天然个性,受雨露个滋润,太阳个光照,自然而然个生长,毫无一颜思虑,因此就归荣耀拨真神。所以真神赏赐拨拉人一切个恩典慈爱,只要凭着伲个信心,安安静静接受就是哉。"为了避免令读者茫然不知所云,还细心地附有注释:"个,的也。拉,在也。第个,这个也。勿是,不是也。话,说也。有啥个,有甚么也。一颜,一点也。拨,给也。拨拉,给与也。伲,你也。哉,了也。"《史略》的前身是他在沪江大学授课的讲义,而沪江则是美国基督教浸礼会创办的教会学校。据其哲嗣胡道静日后回忆:"我父亲被沪江大学的校长美国人魏馥兰(Francis John

White)请去担任教授。……在沪江任教大约两三年后,魏馥兰授意(应当说是'要求')我父亲信仰基督教,接受洗礼。"(《我的父亲胡怀琛与商务印书馆》,收入《胡道静文集·序跋题记 学事杂忆》,上海人民出版社,2011 年)只是胡怀琛最终并未接受提议。书中迻录的那段其实并非《圣经》,而是布道解经类的著作,可见他对基督教的了解确实有限。不过在一所上海教会大学的课堂上谈论这些,显然切合本地风光,无疑会引起学生莫大的兴趣。同时又让人联想到书中第十章在讲述明代文学时曾插叙道:"崇祯初,意大利人利玛窦,以传教至中国;与上海人徐光启,共译天文算学书多种,其《几何原本》一书,至今犹流传,是为中国文字,翻译欧洲书籍之始。明人又译西洋论理学一书,名曰《辩学》,惟不知与徐光启孰先孰后。光启曾为左侍郎,故引利玛窦仕于明廷,修正历法;同时引进之西人,有汤若望、罗雅各、龙华民、邓玉函诸人。"这段明显偏离主旨的介绍,一方面固由其早年"喜阅徐光启、利玛窦诸人译撰书籍"(郑逸梅《南社丛谈·南社社友事略》,上海人民出版社,1981 年)的经历使然,另一方面显然也和他正在教会大学任教息息相关。在他之后,胡适的《白话文学史》(新月书店,1928 年)用了整整两章来讨论"佛教的翻译文学",关注外来文化译介与中国文学发展之间的关联,着眼点与其大体相仿,不知是英雄所见略同,抑或受其启发影响——毕竟两人先前围绕《尝试集》曾有过一番激烈争论,胡适对胡怀琛可并不陌生。

在这部篇幅并不算太大的中国文学史中,居然风马牛不相及地聊起了域外汉文学、童蒙读物和《圣经》译本,乍看之下并不符合胡怀琛自己所标榜的"界限分明,不相殽混"的标准,但是从实际效果而言,如此新颖独特的视角想必仍然可以"使学者能得实益"。历史当然是客观的,可考察历史的方式不妨多元。尤其是在大学的课堂上,更应倡导自由包容,只有不拘一格,方能异彩纷呈。只是当所有大学都必须限期"跻身世界一流",而全体教师都必须严格以"核心""权威"来衡量时,再来谈这些卑之无甚高论的道理,恐怕就像禅宗公案里所说的那样,"痴人面前,不得说梦"。

书目背后的学问

  鲁迅在 1930 年应同乡老友许寿裳的请求，特意为刚刚考入清华大学中文系的许世瑛开具了一份附有简要评语的推荐书目。一方面固然是因为许寿裳在儿子五岁时，"便替他买了《文字蒙求》，敦请鲁迅做开蒙先生"，既然早就担当过启蒙引导的重任，他当然要负责到底，不能半途而废；另一方面则是由于许世瑛"本来打算读化学系，因为眼太近视，只得改读中国文学系"（许寿裳《亡友鲁迅印象记》二三《和我的交谊》，人民文学出版社，1977 年），由他这样有着弃医从文经历的父执来现身说法，毫无疑问会更有说服力。这份颇具特色的书目后来经整理者根据鲁迅手稿重新校订，题作"开给许世瑛的书单"，收入《集外集拾遗补编》（见《鲁迅全集》，人民文学出版社，1981 年）中，早就经过无数鲁迅研究者的反复爬梳和仔细琢磨。不过大部分学者都习惯于借此探究鲁迅的知识背景和治学旨趣，很少会将其置于近现代学术发展的源流递嬗之中加以检视，更鲜有从许世瑛的角度去考察他日后究竟是如何付诸实践的。

  要为初学者指点门径，自然得凭借自己的阅读体验和研究心得，不能随心所欲，信口开河，否则就会像鲁迅自己在《读书杂谈》（收入《而已集》，北新书局，1928 年）中所揶揄过的那样："先前也曾有几位先生给青年开过一大篇书目。但从我看来，这是没有什么用处的，因为我觉得那都是开书目的先生自己想要看或者未必想要看的书目。"以这份书单中所列的《四库全书简明目录》为例，在向许世瑛郑重推荐时，他特别指出此书"其实是现有的较好的书籍之批评，但须注意其批评是'钦定'的"。类似的意见，他后来也曾言及，在《随便翻翻》（收入《且介亭杂文》，三闲书屋，1937 年）中就提到，旁人"常说我书是看得很多的"，"殊不知就为了常常随手翻翻的缘故，却并没有本本细看。还有一种很容易到手的秘本，是《四库书目提要》，倘还怕繁，那么，《简明目录》也可以，这可要细看，它能做成你好像看过许多书"，语气中固然充满了戏谑调侃，但依然可见他平日对这两部目录学著作颇为重视。当然，他应该也考虑到许世瑛原先志不在此，缺乏必要的基础，所以并未推荐繁复周详的《四库全书总目提要》，而代之以旨趣相同而删繁就简的《四库全书简明目录》。而据韦力《鲁迅藏书志·古籍之部》（中华书局，2016 年）的介绍，其藏书中确实有一部绍兴徐氏八杉斋刻本《四库全书简明目录》，想来必定也是常置案头，时加翻阅。

不过，鲁迅对《四库全书》则是屡有批评，毫不假以辞色。先前在《这个与那个》（收入《华盖集》，北新书局，1926 年）中就讥讽"现在中西的学者们，几乎一听到'钦定四库全书'这名目就魂不附体，膝弯总要软下来似的。其实呢，书的原式是改变了，错字是加添了，甚至于连文章都删改了"；其后在《四库全书珍本》（收入《准风月谈》,联华书店,1934 年)中又再次提及《四库全书》"原本就有无意的错字,有故意的删改,并且因为新本的流布,更能使善本湮没下去";而在《病后杂谈之余》(收入《且介亭杂文》)里更是痛斥"清人纂修《四库全书》而古书亡,因为他们变乱旧式,删改原文"。然而在此期间,他为什么又如此推重原先依附于《四库全书》的《四库全书简明目录》呢? 这看似自相矛盾,实则渊源有自。晚清名臣张之洞在谈到"读书宜有门径"的话题时格外强调:"此事宜有师承,然师岂易得,书即师也。今为诸生指一良师,将《四库全书总目提要》读一过,即略知学问门径矣。……《四库提要》为读群书之门径。"(《輶轩语・语学》)为了回答诸生"应读何书"的疑问,他还另撰有《书目答问》"以告初学"(《书目答问略例》),在该书史部谱录类列有《四库全书总目提要》和《四库简明目录》,在后者下面还特地注明"翻阅较便"。据缪荃孙《艺风老人年谱》、柳诒徵《〈书目答问补正〉序》及叶德辉《郎园读书志》等所言,《书目答问》其实是由对张之洞执弟子礼的缪荃孙代笔的;不过陈垣在《艺风年谱与书目答问》(载 1936 年《图书季刊》第三卷第一、二期合刊,收入《陈垣学术论文集》第二集,中华书局,1982 年)中提出异议,认为缪氏只是"先为助理,复为订正"而已,"均与代撰不同"。暂且不论著作权究竟应该如何归属,作为版本目录学家的缪荃孙也同样称许过"《四库提要》实集古今之大成"(《〈善本书室藏书志〉序》),则是不争的事实。《书目答问》不过是略示门径的普及读物,可问世之后居然风行海内,"翻印重雕,不下数十余次,承学之士,视为津筏,几于家置一编"(范希曾《〈书目答问补正〉跋》),确实让很多人始料未及。尽管早已时过境迁，可鲁迅在《读书杂谈》（收入《而已集》）中依然提到：
"我以为倘要弄旧的呢，倒不如姑且靠着张之洞的《书目答问》去
摸门径去。"他对《四库全书简明目录》如此青睐有加，恐怕正是
受到《书目答问》的影响。

　　这也并非鲁迅个人的偏嗜，而是同时代诸多文史研究者的
经验之谈。胡适为初学者开列过《一个最低限度的国学书目》
（载 1923 年《读书杂志》第七期，收入《胡适文存二集》，亚东图书
馆，1924 年），在"工具之部"中就有《四库全书总目提要》。梁启
超虽然严厉批评胡适所开书目大而无当，但随后在编撰《国学入
门书要目及其读法》（载 1923 年 6 月 14—23 日《晨报副刊》，收入
《饮冰室合集》，中华书局，1932 年）时，在"随意涉览书类"里同样
列有《四库全书总目提要》，并着重指出"清乾隆间四库馆，董其
事者皆一时大学者，故所作提要，最称精审，读之可略见各书内
容（中多偏至语，自亦不能免）。宜先读各部类之叙录，其各书条
下则随意抽阅"，对其文献价值和阅读步骤做过简要的提示。吕
思勉则回忆说："苏常一带读书人家，本有一教子弟读书之法，系
于其初能读书时，使其阅《四库全书书目提要》一过。使其知天
下共有学问若干种？ 每种的源流派别如何？ 重要的书共有几
部？ 实不啻于读书之前，使其泛滥一部学术史，于治学颇有裨
益。……此项工夫，现在的学生，亦仍可做，随意浏览，一暑假中
可毕。"（《从我学习历史的经过说到现在的学习方法》，载 1941
年《中美日报》第一六〇至一六三期，收入《吕思勉论学丛稿》，上
海古籍出版社，2006 年）可知由此初窥治学门径早已蔚为风气，
并因行之有效而长盛不替。将大半生精力倾注于考订《四库提

要》的余嘉锡则不无感慨地说道："其衡量百家，进退古今作者，必不能悉得其平，盖可知也。然而汉、唐目录书尽亡，《提要》之作，前所未有，足为读书之门径，学者舍此，莫由问津。"（《四库提要辨证·序录》，科学出版社，1958年）他在这方面深造自得，所下断语自然更为坚确可信。即使是年辈稍晚一些的学者，也莫不如此。张舜徽早年在讲授国学概论时就用《四库提要》各部类叙录作为教材，原因即在于他认为"苟能熟习而详绎之，则于群经传注之流别，诸史体例之异同，子集之支分派衍，释道之演变原委，悉憭然于心"（《四库提要叙讲疏·自序》，收入《旧学辑存》，齐鲁书社，1988年），能够以简驭繁，取得很好的效果。这些学者治学宗旨不一，研究范围各异，可在评判《四库全书总目提要》时却是不谋而合。将鲁迅的评语置于其中，简直可以说是"卑之无甚高论"。然而这也恰好说明，他在进行文学创作时虽然不妨大胆尝试，甚至一空依傍，但转而从事学术研究时，依然要恪守传统规范，不能天马行空。

在鲁迅的引导下，许世瑛不仅很快就适应了原先是迫于无奈才选择的专业，后来还在清华继续沉潜深造，先后受知于刘文典、陈寅恪、黄节、朱自清、俞平伯等众多名师。他在1945年发表过一篇《研究国学应走的途径》（载《读书青年》第二卷第一期），将国学研究划分为语文学、古文学和中国思想问题三大领域，逐一介绍各自的研究对象及所需接受的专业训练，最后则郑重其事地总结说："我还要奉劝今后治国学的，无论你研究那一方面，步入那一条康庄大道，一部张之洞的《书目答问》和《四库全书总目提要》却是必读的书籍。虽然这两部书也有它的缺点，可是它们是治国学的南针，有了它们，我们才不致像迷路之羔羊，看了那浩如烟海的国学而望洋兴叹，不知道如何才会有登彼岸的时日，而额手称庆啊。"分门别类的专题研究虽然易臻于精微，有时却无从观其会通。而《四库全书总目提要》等恰好能够起到"辨章学术，考镜源流"的作用，给予初学者要言不烦的指点。正是有过切身体验，颇多受惠于此，许世瑛才会将这一治学经验传授给下一代学子。

为了便于广大读者参考，古典文学出版社在 1957 年整理印行《四库全书简明目录》，在《出版说明》中介绍道："《四库全书简明目录》是一部较全面地评介我国古籍内容的书。对于期望了解祖国文化遗产一般情况的读者，能够起'知类通方'的指导作用，而且还能鼓励读者去找原著阅读。鲁迅先生曾给一位学习古典文学的大学生开列过一张包括十二种应读古籍的名单，其中便有这部书。"令人颇感意外的是，文中虽然注明依据的是许寿裳所著《亡友鲁迅印象记》，却并不点明这位"学习古典文学的大学生"究竟是谁。中华书局上海编辑所和上海古籍出版社又分别在 1964 年和 1985 年利用古典文学出版社的纸型重印过此书，并一直沿用这份《出版说明》。倚重鲁迅的声望来做宣传自然无可厚非，可与此同时却又辗转引录，闪烁其词，绝口不提这份书单的最初归属者，推想起来，应该和许世瑛在 1946 年后移居台湾不无关系。

许世瑛赴台之后相继在台湾师范学院、台湾大学、辅仁大学、淡江文理学院等校任教，治学兴趣逐渐集中于音韵、训诂等传统语言学领域，在目录学方面并未做过更深入的研究，但还是为不少初入校园的莘莘学子开设过"读书指导""国学导读"等课程。其讲稿后来经过整理，以"中国目录学史"为题，在 50 年代付梓行世，此后又多次改版重印。尽管叙述比较简略，可内容颇为丰富，正如他在该书《例言》中所言："欲览者得以溯源探流，而识其来龙去脉。"全书不仅对目录、目录学、目录学史的概念以及彼此关系详加辨析，还依照分类方式的不同对各种史志目录、藏书目录、专科目录、特种目录等做过全面的介绍。因此问世不久，就深得文献学专家的赏识，谓之"纲举目张，条理密察"，"显得严谨而整饬"，"是真能把握着了'史'的要点"（屈万里《〈中国目录学史〉》，收入《屈万里先生文存》，联经出版事业公司，1985年），可见他在这方面仍然有着系统而深厚的学术积累。在讨论《四库全书总目提要》时，许世瑛分"《四库全书》之编纂始末""《四库全书》之编纂及校雠手续""《四库全书总目》之分类""《四库全书总目提要》之体制"等几项娓娓道来，特别强调"当时审核之密，取舍之严，考据之精，分类之细，著录之富，可谓前无古人，后无来者矣。虽乾隆帝之所以欲编纂《四库全书》之真正用意，在借求遗书之名，而行焚书之实（当时被禁毁之书有二千四百十三种之多）。牢笼汉人，诱以利禄，使毕生耗精敝神于寻行数墨之间，以消灭其排满之心。然《四库全书》与夫其《总目提要》二者，在我国校雠学史及目录学史上，为伟观、为奇葩，则无疑也"（《中国目录学史》第八章《隋志以后应用四部分类法官修目录》，中国文化大学出版部，1982 年），对其优劣得失做了恰如其分的评价。倘若沿波讨源一番，恐怕不得不归功于鲁迅对他早年所做的引导。在介绍各类特种目录时，许世瑛还专门列出"举要目录"一项，称"书籍繁多，初学每苦不得要领，于是有举出应读之书，并指示阅读先后之次序，以便初学者可循序研读，而收事半功倍之效"(《中国目录学史》第十二章《专科目录与特种目录》)。尽管迫于时势，不便言及鲁迅，只能列举梁启超、胡适等人审定的各类书单，但他在运思落笔之际，脑海中想必依然会浮现起鲁迅当初为自己开列的那份推荐书目吧。

文章背后的学缘

　　仅仅维持了四年的清华国学研究院在 1929 年下半年被正式撤销，原任研究院导师的陈寅恪改任清华大学中文系和历史系合聘教授，随即在两系陆续开设了"佛经翻译文学""唐诗校释""刘禹锡、元稹、白居易诗研究""欧阳修研究""《世说新语》研究""魏晋南北朝史专题研究""隋唐五代史专题研究"等多门课程。从罗香林、卞僧慧、王永兴、周一良、石泉等众多弟子日后的回忆中，不难了解他当时讲学课徒的具体情况。可惜迄今所见的记录绝大部分都出自历史系学生之手，很少有来自中文系学生的讲述，难免让人略感未惬于心。

　　历经劫难的陈寅恪病逝于 1969 年 10 月，消息辗转流传至海外，立刻引起学术界极大的震动。台湾《传记文学》杂志在次年 3 月出版的第十六卷第三期上集中刊登了数篇悼念文章，其中一篇《敬悼陈寅恪老师》恰好出自毕业于清华中文系的许世瑛之手。倒是不妨借此转换视角，略窥义宁史学对中文系学生的沾溉濡染。

　　许世瑛在 1930 年考入清华中文系，毕业后又继续在清华中文研究所攻读研究生,直至1936年毕业离校。尽管就求学经历而言,他在校期间主要受知于刘文典、黄节、朱自清、俞平伯等中文系教授,与此同时又仰赖其父许寿裳的人脉关系,得到过鲁迅的悉心指点,"以后之成就,可以说得自鲁迅先生者甚大"(许世瑮《鲁迅与先父寿裳公的友情》,载绍兴市政协文史资料委员会、浙江省政协文史资料委员会编《许寿裳纪念集》,浙江人民出版社,1992年),但这篇悼念文章却详尽地回忆了昔日选修陈寅恪所开课程时的情景:"我很幸运,从大学三年级就开始听寅恪师讲课。……他讲课只是平铺直叙,但是听者并不感到枯燥,大家都聚精会神地听讲,既没有人窃窃私语,也没有人传纸条。因为内容丰富而精彩,大家都知道机会难得,不应该轻易把它放过。每当下课铃响,大家都有依依不舍、时光流逝太快之感。"如果再进一步参酌他日后的治学历程,更能够辨识出不少来源于陈寅恪的影响。

许世瑮在1945年撰写的《研究国学应走的途径》(载《读书青年》第二卷第一期)中现身说法:"大学文学院虽然有国文系、史学系、哲学系的分别,可是这三系实在有着密切的关系,几乎是须臾不可离的。"虽然出身于中文系,但他当时撰写的不少论文并不局限于文学一隅,反而对史学问题很感兴趣,在关注焦点和考辨方式上都明显带有陈氏治史的风格。例如在《王羲之父子与天师道之关系》(载1944年《读书青年》第一卷第三期)一文中,许世瑮开宗明义就直言:"从前陈寅恪师说魏晋南北朝的士大夫大多信奉天师道,而政治上的许多大变乱,像晋赵王伦之废立,宋范晔之谋反,及刘劭之弑逆,皆与天师道有密切关系(详见

《中央研究院历史语言研究所集刊》第三本四分《天师道与滨海地域之关系》），可说是不刊之论，值得研究这一段历史的人仔细玩味，换句话说，启发我们后辈的地方实在不少。"他提到的《天师道与滨海地域之关系》一文发表于 1933 年，同时还另有清华大学印行的单册本（参见蒋天枢《陈寅恪先生论著编年目录》，收入蒋氏《陈寅恪先生编年事辑［增订本］》，上海古籍出版社，1997年），其用意当正如许世瑛在回忆中所述的那样，"寅恪师每有一篇论文发表，他一定把单行本带来，分送给听课的同学"。陈氏在该文中专设一节考述"东西晋南北朝之天师道世家"，其中说道："琅邪王氏子孙之为五斗米教徒，必其地域薰习，家世遗传，由来已久。此盖以前读史之人所未曾注意者也。"并以王羲之为中心，深入研讨了天师道信仰与书法创作之间的关联。显而易见，许世瑛正是从中得到启发，才会钩稽排比相关文献，着重考察王羲之、王徽之、王献之父子信奉天师道的具体表现。

有时候许世瑛并未明言，但通过比对覆按，仍能发现其立论的渊源所自。例如在稍后发表的《王导政绩和晋元帝中兴》（载1944 年《读书青年》第一卷第六期）中，他针对前人有欠公允的评论，重新考察了永嘉南渡之后王导的诸多政绩，认为"晋元帝能以帝室远支建都建业，上承西晋怀、愍末绪，下开东晋偏安江左之基，实在是王导辅翼之功"。在钩沉考索的过程中，他尤其强调王导在处理政务时能够顾全大局，为了结纳绥辑吴人而委曲求全："王公尚有另一种长处，就是为了要达到固国本、绥土人的目的，不惜用任何手段，即便自低身份，采用硁硁者流所不屑的方策。"清人王鸣盛曾诟病王导"徒有门阀显荣、子孙官秩而已"

（《十七史商榷》卷五十"《王导传》多溢美"条），许世瑛能够不循旧说，确实令人耳目一新。不过在陈寅恪编撰于 30 年代的《晋南北朝史备课笔记》（收入《陈寅恪集·讲义及杂稿》，生活·读书·新知三联书店，2009 年）里，早就列有"东晋初中州人与吴人之关系"一讲，虽然没有展开具体论说，仅有"初至吴时，对吴人态度""封建乃镇抚吴人""王所畏之吴人""王导作吴语"等零星提示，但都是许氏考察的重点所在；而罗列的参考文献如《晋书》诸纪传和《世说新语》相关篇目等，也都在许氏征引讨论之列。陈寅恪在开设课程时自律极严，讲授的都是深造自得的内容，"一则以自己研究有限，自己没有研究过的，要讲就得引用旁人的研究成果与见解（包括古人的与今人的），这些都见于记载，大家都能看到，不必在此重说一遍；一则是有些问题确是值得讲，但一时材料缺乏，也不能讲；一则是以前已经讲过的也不愿再重复，所以可讲的就更少了。现在准备讲的是有新见解，新解释的"（卞僧慧记录于 1935 年 9 月 23 日的《"晋至唐史"开课笔记》，收入卞氏《陈寅恪先生年谱长编［初稿］》，中华书局，2010 年）。由此不难推断，许世瑛在构思撰作时，无论观点立意还是文献史料，都应该和陈寅恪的授课内容密不可分。

　　陈寅恪在当年讲课时曾经严正申明："讲演中凡引及旁人的意见，俱加声明。未加声明的就是我个人的意见。但此类意见听课的不能代为发表。这在外国大学本是通例，不必说。在国内有人还不大清楚，所以特为指出，希望大家注意遵守。"（卞僧慧记录于 1936 年 9 月 21 日、28 日的《"隋唐史"开课笔记》，收入卞氏《陈寅恪先生年谱长编［初稿］》）警告听课的学生不要擅自根据授课内容撰写论文率先发表。毋庸置疑，这番话肯定确有所指，绝不会是空穴来风、无的放矢。陈氏游历海外多年，深受现代学术观念影响，对学术规范及著作权等问题，当然会格外注重。但来听课的年轻学生初窥门径不久，对此类戒条势必所知无多。更何况正如许世瑛所言，陈氏授课时"最令同学们敬佩的，就是利用一般人都能看到的材料，讲出新奇而不怪异的见解。大家听完以后都会有'我们怎么竟想不出'的感觉"。材料普通寻常，自然不需要再像新派史家那样"上穷碧落下黄泉，动手动脚找东西"；观点新颖独特，又不免让初学者在激动兴奋之余变得鲁莽冲动，更容易将学术规范等抛在脑后。以今视昔，设身处地，倒也不必对此苛责过多。

面对不守规矩的学生，陈寅恪想必也颇感无奈，但并未因此挟秘自珍，依然倾囊相授，毫无保留。许世瑛就回忆道，陈氏每次授课"都是讲他的心得和卓见，所以同一门功课可以听上好几次，因为内容并不全同"。细究个中原委，除了他始终信奉奖掖后进、开启来学的宗旨之外，其实也隐含着对自己治学能力的强烈自信。他在 1952 年根据多年备课时爬梳搜集的史料，着手起草《述东晋王导之功业》（参见蒋天枢《陈寅恪先生论著编年目录》，收入《陈寅恪先生编年事辑［增订本］》），经过反复的斟酌磨勘，直到 1956 年才在《中山大学学报》第一期上正式发表。全文除了竭力表彰"王导之笼络江东士族，统一内部，结合南人北人两种实力，以抵抗外侮，民族因得以独立，文化因得以续延"，还上溯汉魏，下探梁陈，仔细梳理辨析诸多政策的成因及影响；甚至将个别现象联系到相似的史事，加以比较参照，如在文中称

"后来北魏孝文帝为诸弟聘汉人士族之女为妃及禁止鲜卑人用鲜卑语施行汉化政策，借以巩固鲜卑统治地位，与王导以笼络吴人之故求婚陆氏强作吴语者，正复暗合"，尝试着透过繁复纷歧的表象总结出具有普遍意义的历史规律。其视野之开阔，史识之透辟，征引之博赡，考订之翔实，都远非许世瑛所能望其项背。从最初讲课授业到最终结撰成文，前后历经二十余年，如此耐心细致固然令人惊叹不已，但更使人肃然起敬的，则是当自己的创见被旁人攘为己有时，陈寅恪也毫不怨天尤人，依然坚持不懈，精益求精，务求做到题无剩义，这才是大师应有的气度和格局。

陈寅恪在治学中特别擅长以史证诗，这一点对许世瑛的影响也极其明显。在一篇题为《论笺注与校勘》（载 1946 年《文艺与生活》第二卷第一期）的论文中，许世瑛列举了不少经史诗文中的例证，来具体阐述"笺注之不易为"，最后提到："作笺注还有一件更困难的事，我以为比查出作者所引用的典故出处，以及他引用的用意何在还要麻烦几倍，也就是应当考其本事，换句话说，古典易查，而今典难考，因为今典非对当时历史背景，以及作者所往来人物有深切了解不可。"为了说明自己所言非虚，便以白居易的诗歌作为佐证。白诗素有"老妪能解"之誉，随着现代白话文运动的兴起，更是备受推崇。胡适就曾说过："我们可以认定白居易是有意做通俗诗的。到了他晚年时，他的白话更纯粹了，更自然了，几乎没有文言诗了。"（《国语文学史》第二编第二章《中唐的白话诗》，北京文化学社，1927 年）许世瑛并不认同这种观念，而是提出不同的意见："白氏喜用今典，换句话说，也就是好以当时实事为题材，加以描画叙述，故在唐代无须注解，一看就能明了,虽老妪也全知晓。可是今人读之,反觉难明,必待注释,方能得其作诗之旨。而欲为之注,又非熟谙唐代历史者不可,故迄今尚无人敢为白诗作注,因为详考本事甚难。"这些论调无疑也是从陈寅恪的讲课和论文中得到的启发。只要翻一翻陈氏的《唐诗校释备课笔记》和《元白诗证史讲义》(均收入《陈寅恪集·讲义及杂稿》),以及其后陆续发表的《元白诗中俸料钱问题》(载1935年《清华学报》第十卷第四期)、《长恨歌笺证》(载1944年《清华学报》第十四卷第一期)、《元和体诗》(载1944年《岭南学报》第十卷第一期)、《白乐天与刘梦得之诗》(同上)、《白香山琵琶引笺证》(载1944年《岭南学报》第十二卷第二期)等系列论文,就不难看出许氏立论之所本。

从清华毕业之后,许世瑛曾先后在辅仁大学、燕京大学任教,所开设的课程中,"最受同学欢迎者为《昭明文选》、六朝文、《世说新语》研究"(许世瑛《致许寿裳》,载上海鲁迅博物馆编《许寿裳家藏书信集》,福建教育出版社,2016年),而他的兴趣也逐渐集中到汉语语法、训诂、音韵等问题,撰写过一系列考释《世说新语》词汇的论文,如《说"伧"字在汉魏六朝人心目中的意义》(载1946年《自强月刊》第一卷第三期)、《读〈世说新语〉——释"身"字》(载1948年《读书通讯》第151期)、《释"阿奴"》(载1949年《国文月刊》第75期),显示他对《世说新语》情有独钟,而且颇有造诣,这或许也和先前听讲过陈寅恪的"《世说新语》研究"有关。在推敲字词含义时,许世瑛逐渐意识到,"一字含义,常因时间空间之殊,而时时变更。苟能自字义改变中寻其演变痕迹,容能有意想不到之收获,而对当时人之思想,与其所处环境有更深刻认识也"(《说"伧"字在汉魏六朝人心目中的意义》)。所阐发的研究旨趣,很容易让人联想到陈寅恪说过的,"依照今日训诂学之标准,凡解释一字即是作一部文化史"(沈兼士《"鬼"字原始意义之试探》附录陈寅恪先生来函,载1935年《国学季刊》第五卷第三号)。陈氏所言虽然原本出自私人往来信函,但绝非虚应故事,而是和自己的治学心得息息相关。他在1941年发表《魏书司马叡传江东民族条释证及推论》(载《中央研究院历史语言研究所集刊》第十一本一分,收入《金明馆丛稿初编》,上海古籍出版社,1980年),逐条考释史传中各类称谓的具体所指,其中有一则指出:"北朝之人诋娸南朝,凡中原之人流徙南来者,俱以楚目之,故楚之一名乃成轻蔑之词,而为北朝呼南朝疆域内北人之通称矣。"并附带提及史籍中常见的"伧楚"一词。而许世瑛在《说"伧"字在汉魏六朝人心目中的意义》中认为:"'伧楚'一名词,南北朝时北人亦有用以呼南人者,以示轻视之意。"正是接过陈氏的话题继续研讨,取资借鉴的痕迹宛然可见。

许世瑛自1946年后移砚台湾,但依然饮水思源,时时称述推介陈寅恪的研究成果。他在回忆中说:"寅恪师并非是一位语言学专家,但是他写的《四声三问》,确是一篇千古不朽的论著。我每次讲'四声'的时候,一定向同学介绍寅恪师这篇大著。"至于他本人撰写的《论长恨歌与琵琶行用韵》《论元稹连昌宫词用韵》《论元稹望云骓马歌及和李校书新题乐府十二首用韵》《论元稹乐府古题十九首用韵》《论元稹有鸟二十章用韵》《论元稹有酒诗十章用韵》《论秦妇吟用韵》等论文(均收入《许世瑛先生论文集》,弘道文化事业有限公司,1974年),虽然关注角度趋于专门,但在研究对象的选择上,恐怕仍受到陈寅恪《读秦妇吟》(载 1935 年《清华学报》第十一卷第四期)、《元白诗笺证稿》(文学古籍刊行社,1955 年)等论著的影响。年少时所受的濡染熏陶,即便因为种种原因而暂时沉潜隐幽,终究还是会通过某种特别的方式呈现出来。

第三辑　史案新勘

屈原与伍子胥：
爱国者与叛国者的对峙？

司马迁的《史记·屈原列传》主要关心传主的政治生涯，只零星地提到《离骚》《怀沙》《天问》《招魂》《哀郢》等作品。班固在《汉书·艺文志》里虽然著录了"屈原赋二十五篇"，可具体包括哪些篇目却语焉不详。现存题名为屈原的赋作均见于汉代结集成书的《楚辞》，然而其中一些是否确为屈原所撰，历来都存在很大的争议。尤其是《九章》中收录的作品，很可能出自后人辑录，更是聚讼纷纭。南宋魏了翁的《鹤山渠阳经外杂钞》，晚明许学夷的《诗源辩体》，清末曾国藩的《求阙斋日记》和《经史百家杂钞》、吴汝纶的《古文辞类纂评点》，等等，就先后从典故、辞章、思想等不同角度，指出其中《惜往日》《悲回风》等都出自他人伪托。

近代以来疑古风气日益炽盛，不少学者对这几篇也常持怀疑否定的态度。胡适在《读〈楚辞〉》（载 1922 年 9 月 3 日《读书杂志》第一期，收入《胡适文存》二集，亚东图书馆，1924 年）中说，"《九章》中，也许有稍古的，也许有晚出的伪作"，"至多只能有一部分是屈原作的"，还有些含糊其词，并没有指明具体的篇目。闻一多的《论〈九章〉》（收入《闻一多全集》第五卷《楚辞编·乐府诗编》,湖北人民出版社,1993年)以为《涉江》等"虽无法证明其必为屈原作品,然亦无具体的反证",但是"如《惜往日》《悲回风》等,可疑之处甚多",矛头所向已经非常明显了。陆侃如、冯沅君合著的《中国诗史》(大江书铺,1931年)也强调,"我们认为只有《离骚》《天问》,及《九章》之半是真的,其余都是伪托",随即将《九章》中的作品分成不同类型,逐一予以甄别,最后判定《惜往日》《悲回风》等均为伪作,"希望研究屈平的人不要误信这几篇"。刘永济的《屈赋通笺》(人民文学出版社,1961年)更是斩钉截铁地指出,《惜往日》《悲回风》等"非屈子所作,殆已可信",甚至在后来撰著《屈赋音注详解》(上海古籍出版社,1983年)时索性将这些篇章直接剔除在外。

在漫长而繁复的考辨过程中提出过各种证据,最容易让人信从的莫过于辨伪者们发现了"重要的内证",即在这些作品中竟然都出现了伍子胥,如《涉江》中哀叹"忠不必用兮,贤不必以。伍子逢殃兮,比干菹醢",《惜往日》里痛斥"吴信谗而弗味兮,子胥死而后忧",《悲回风》中更是希望自己能够"浮江淮而入海兮,从子胥而自适"。先秦文献中凡是提及伍子胥,都会不约而同地表彰他能够恪恪守忠君之道,甚至将他与因直言劝谏而被商纣王杀害的比干相提并论,如《战国策·秦策一》云:"子胥忠其君,天下皆欲以为臣。"《荀子·臣道》篇说:"有能进言于君,用则可,不用则死,谓之争。……比干、子胥可谓争矣。"又《大略》篇感叹:"子胥忠而君不用。"《庄子·盗跖》篇也同样提到:"世之所谓忠臣者,莫若王子比干、伍子胥。"屈原在行吟泽畔、忧谗畏讥的时候以伍子胥来自况,不但情有可原,而且顺理成章,似乎并无可疑之处。然而,辨伪者们却坚称其中大有蹊跷,因为依照伍子胥的生平行事,屈原绝不可能对他如此推崇景仰,《惜往日》数篇中所流露出的哀悯同情,恰恰证明它们并非出自屈原之手。这究竟是怎么回事呢?

关于伍子胥的身世遭遇,完整的记载最早见于《左传》,《史记》《越绝书》《吴越春秋》等后世文献都源出于此。据《左传》所述,伍子胥本名伍员,原先是楚国人,因为父亲伍奢和兄长伍尚被楚平王杀害,才辗转流亡至吴国。随后竭力辅佐阖闾夺取王位,使国势日渐强盛,于是借助吴国兵力攻破楚国。尽管楚平王此时早已去世,但他为了发泄内心的愤恨,竟然做出掘墓鞭尸的惊人举动。在吴王夫差即位之后,他力主率先消灭越国以去除心腹之患,却未料遭谗被疏,最终被逼自杀。显而易见,大量先秦文献之所以屡屡称道伍子胥忠贞不贰,并惋叹其悲惨结局,都是根据他在吴国的经历来加以评判的。可是站在楚国的立场来看,伍子胥作为楚人却率领吴国军队入侵,几乎使楚国遭受灭顶之灾,并引发吴、楚两国此后旷日持久的拉锯战,毫无疑问已经彻底沦为叛国投敌、背主求荣的逆臣。身为楚国贵族的屈原怎么会对这个历史上的国家公敌怀有丝毫怜悯,又怎么会去追慕效法他的所作所为。辨伪者们对此言之凿凿,正如刘永济所说的那样,“子胥于吴诚忠矣”,然而“贻害楚国甚大,实乃楚之逆臣,屈子决无以忠许之之理”;尽管游士阶层在当时早已兴起,如果在本国郁郁不得志,完全可以出仕他国而毫无顾忌,可是“屈子则宁死勿去,与当时风气相反,其不轻去就,盖由忠义之厚,宁肯许叛国之人为忠?”(《屈赋通笺》卷五《九章》)所提出的理由坚确可信,似乎确实能够读书得间,阐幽抉微。受此影响,赵逵夫在《〈楚辞〉中提到的几个人物与班固、刘勰对屈原的批评》(收入《屈原与他的时代》,人民文学出版社,1996 年)中专设一节考辨"伍子胥与伍子",同样认为"屈原是楚宗臣,对楚国有着深厚的爱恋之情。他虽屡受打击而不愿离开自己的祖国,直至一死。试想:以屈原的这种思想,他能以伍子胥自喻、奉伍子胥为楷模吗?"可是,自汉代以来的其他学者难道就如此鲁莽灭裂,没能发现这个明显不合情理的破绽吗?

《惜往日》《悲回风》数篇并非没有可供讨论的余地,可是以其中提及伍子胥作为重要内证来进行辨伪,虽然看似无可辩驳,恐怕却经不起仔细推敲。自从朱熹在《楚辞集注》中明确标举"忠君爱国之诚心"以后,屈原就逐渐成为爱国诗人的典范。辨伪者们大概都受此潜移默化的影响,难免有些以今度古,想当然耳。苏雪林在《楚骚新诂》(国立编译馆中华丛书编审委员会,1978 年)中曾针对辨伪者的意见逐条驳斥,特别指出:"子胥于平王有杀父兄之仇,屠戮全家之憾,他的报复,是基于人类天然的情感。……以后代兴起的国家观念来批评他,并斥之为'逆臣',不知这种国家观念乃是现代西洋产物,中国从前是没有的。"身处礼崩乐坏、王纲解纽的时代,游士们频繁往来于不同诸侯国之间,楚才晋用的现象早就屡见不鲜。出生于鲁国的孔子便率领众多弟子,在十余年间周游列国干求诸侯,甚至愿意投奔反叛鲁国的公山弗扰,公然宣称"如有用我者,吾其为东周乎?"(《论语·阳货》)显而易见绝没有在后世才日渐明晰的国家观念。即便是屈原本人,尽管最终并没有去国远游,但在无端遭受谗谮放逐时，也曾屡屡悲叹"何所独无芳草兮，尔何怀乎旧宇""何离心之可同兮，吾将远逝以自疏""国无人莫我知兮，又何怀乎故都"（《离骚》），对去留之际应该如何抉择同样充满着矛盾焦虑。不考虑特殊的时代背景，而对古人过分苛求，显然不足为训。不过，伍子胥出仕吴国的目的居然是为了对付父母之邦，而且最终采取的报复手段也非常极端，实在有些骇人听闻。苏雪林尝试用"人类天然的情感"来加以诠说，仍然让人感觉未惬于心。

不妨再重新检核《左传》中提到的一个细节，伍子胥在逃离楚国前，特意去和好友申包胥道别，发誓有朝一日必定会报仇雪恨，颠覆楚国。申包胥听完立刻回应道："勉之！子能复之，我必能兴之。"在日后伍子胥率领吴军攻打楚国时，申包胥确实履行了此前的誓约，赶往秦国请求援兵，挽救了濒临覆亡的楚国。可令人费解的是，他当初为什么要用"勉之"来勖勉鼓励伍子胥呢？实际上这并不是为了顾念友情而随口敷衍其事，而恰反映出当时社会对血亲复仇行为的普遍认同。汤炳正的《屈学答问·屈赋以伍子胥自喻的历史背景》（收入《渊研楼屈学存稿》，中国社会科学出版社、华龄出版社，2004 年）就由此着手加以阐发："当时伍子胥的出走及其报仇伐楚，乃是氏族社会'血族复仇'遗风的表现。因'血族复仇'，是氏族社会压倒一切的、义不容辞的神圣义务；是人们共同认定的道德准则。"为了证实自己的推断，他还引录了摩尔根在《古代社会》中所述印第安部落替亲属报仇的习俗、恩格斯在《家庭、私有制和国家的起源》中所述易洛魁人为血族复仇的义务等作为旁证，用来说明"楚国当时也有类似的道德观念"。其实在先秦文献中就有大量资料可资参证，并不需要如此迂曲旁求。如《礼记·曲礼》说："父之仇弗与共戴天,兄弟之仇不反兵。"强调复仇行为乃是为人子弟必须遵循的孝悌之道。《礼记·檀弓》中记载子夏询问应该如何对待杀害父母的仇人,孔子在回答时毫不迟疑:"弗与共天下也。遇诸市朝,不反兵而斗。"要求人子下定决心不与仇人共存于世,并且要随身携带武器,随时准备手刃对方。《孟子·尽心下》也提到:"杀人之父,人亦杀其父;杀人之兄,人亦杀其兄。"足见当时私人之间血债血偿的风气极为兴盛。伍子胥的父兄无端蒙冤遭受残害,为他们报仇雪恨正是自己不容推卸的职责。申包胥一方面充分肯定他试图颠覆楚国的计划,另一方面又竭尽全力捍卫楚国的安危,看似自相矛盾,实则两者各得其宜,均无可指摘。司马迁在《史记·伍子胥列传》中评述伍子胥在父兄遇难之后隐忍苟活,最终得以完成复仇大业的行为,也有"弃小义,雪大耻,名垂于后世"的赞语,可见他对这种风俗也相当熟悉。只是在采摭《左传》的记载时,他在不经意间删去了申包胥所言"勉之"一语,难免会导致后世读者忽略其中所蕴含的深意。

需要稍事补充的是,汤炳正在文章中认为血亲复仇的现象只是"南方古老的氏族制度与氏族意识的残余","汉人似乎已不甚了然","汉代对古人'血族复仇'这一极其严肃的社会义务,已不完全理解",恐怕并非实情而有待商榷。有不少法律史专家已经对此做过极为细致缜密的考察,如日本学者穗积陈重的《复仇与法律》(曾玉婷、魏磊杰译,中国法制出版社,2013年)、中国学者瞿同祖的《中国法律与中国社会》(中华书局,1981年)等,都指出血亲复仇现象普遍存在于不同文明传统之中,并被视作维护社会公平秩序的美德，而且存续的时间也相当长久。以中国为例，虽然从汉代开始就严令禁止私人复仇，但这种风气直至明清两代依然非常兴盛，人们对复仇行为充满着同情和赞美，法律在处置复仇者时也会给予特殊考虑。以此来重新审视《涉江》各篇对伍子胥的称道和追慕，也许就能具备一份了解之同情，而不至于产生疑惑甚至误解。

当然，伍子胥的复仇行为还另有特殊之处，他报复的对象毕竟是一国之君，在私人恩怨和国族大义之间到底应该如何取舍，又构成了激烈的冲突。依照后世的观念，在忠孝不能两全之际当然应以大局为重而牺牲亲情。可是先秦时期的伦理观念却并非如此。王元化在《因伍子胥想起的》(收入《王元化集》卷六《思想》，湖北教育出版社，2007 年)一文中就谈道："倘据后来某种观念来评判，子胥不但不可谓忠，甚至可说是大逆不道。春秋时代把他视为忠的表率，是以他对吴王夫差来说的。这同样和后来对忠这个概念的理解大相径庭。为什么会出现这类问题呢？我想主要是对早期儒家的道德规范并不理解。后人多以为孔孟倡导的是愚忠愚孝，这乃是一种误解。以君主为本位，倡导君主专制主义的不是儒家，而是法家。孔孟的君臣之道是建立在双向关系上的。"用先秦儒家文献来加以印证，便可知其所言非虚。如《论语·八佾》载鲁定公问君臣之事，孔子用"君使臣以礼，臣事君以忠"来作答，即可见一斑。尤其是《孟子·离娄下》说道："君之视臣如手足，则臣视君如腹心；君之视臣如犬马，则臣视君如国人；君之视臣如土芥，则臣视君如寇雠。"又提到："无罪而杀士，则大夫可以去；无罪而戮民，则士可以徙。"反复强调君臣关系是相互对应的,如果君不守君道,则臣自然也不必尽臣道。这些在后世看来不免有些惊世骇俗的议论,在当时却几乎是大家一致认可的观念。即便是被王元化激烈抨击的"倡导君主专制主义"的法家有时也不能例外,《韩非子·安危》就曾以伍子胥为例,批评"人主不自刻以尧而责人臣以子胥",嘲讽那些不严于律己却对臣子求全责备的君主。楚国虽然偏处南鄙,历来被视为蛮夷之邦,但和儒家文化并未隔绝。《孟子·滕文公上》就提到过,来自楚国的陈良"悦周公、仲尼之道,北学于中国。北方之学者,未能或之先也"。担任过三闾大夫、左徒等官职的屈原,其职责包括"接遇宾客,应对诸侯"(《史记·屈原列传》)在内,当然更容易接触到源自中原的儒家文化,并受其濡染沾溉。而近年来整理披露的郭店楚简更进一步说明,在战国时期的楚地确实存在着类似的君臣观念。例如其中有一组《语丛三》,提到臣子和君主之间,"不相戴也,则可已;不悦,可去也;不义而加诸己,弗受也"(释文据刘钊《郭店楚简校释》,福建人民出版社,2005 年),并不需要逆来顺受地绝对服从。另一篇《六德》更是要求"为父绝君,不为君绝父。为昆弟绝妻,不为妻绝昆弟。为宗族杀朋友,不为朋友杀宗族",将建立在血缘基础上的父子、兄弟、宗族关系置于君臣、夫妻和朋友关系之上。父子兄弟代表亲缘而别无选择,君臣上下象征义务而可以取舍,两者一旦发生冲突,毋庸置疑当以亲情为重。由此可见,《涉江》《惜往日》《悲回风》等篇对伍子胥大加称许并没有违背先秦时期的风俗习惯和君臣观念,屈原与伍子胥之间并不构成爱国者与叛国者的对峙,没有必要就此提出任何质疑。经典在后世得以流传,不但仰赖作者的锐思精研，与此同时也在不断考验着读者的细致耐心，唯有沉潜往复，从容含玩，努力探求本源，廓清各种迷障，才能使伟大的作品呈现出真实的面貌，虽历久而弥新。

【附记】

本文发表后，承业师杨明先生指点，谓屈原最终之所以不肯背弃楚国，正因屈、昭、景为楚之三大姓，同样是由家族观念使然，与伍子胥可谓迹异而心同。

重审"屈赋"案

自近代以来,围绕着屈原的生平引发过旷日持久的争论。清末民初的廖平在《楚辞讲义》(《六译馆丛书》本)中率先发难,认为楚辞原本是秦始皇时由七十博士创作的《仙真人诗》,到了汉初才假托为屈原所作。胡适在《读〈楚辞〉》(收入《胡适文存》二集,亚东图书馆,1924年)中更是强调:"不但要问屈原是什么人,并且要问屈原这个人究竟有没有。"受此影响,何天行、卫聚贤等学者也相继对是否确有屈原其人表示过怀疑。

1951年3月至5月间,《光明日报》上连续刊登了四篇论文:《楚歌及楚辞》《〈离骚〉底作者》《淮南王安及其作品》和《〈离骚〉以外的"屈赋"》,重新审查这桩"屈赋"疑案,怀疑包括《离骚》在内的诸多作品并非屈原所作,而将著作权归诸西汉的淮南王刘安及其身边文士。论文的作者朱东润晚年回忆说,此事缘于和叶圣陶的通信,"圣陶问我最近有些什么著作,我说有是有的,是关于《楚辞》的四篇文章,不过论点的争执太多,不宜发表。圣陶说给他看一下也不妨。我这就把文章寄去"(《朱东润自传》第十二章,人民文学出版社,2009年)。没想到老朋友先斩后奏,没有征询他的意见,就将文章转交给《光明日报》发表。书生气十足的两人起初或许并不觉得此举有多么不合时宜,更未曾料到居然会激起轩然大波。没过多久,郭沫若就率先发表评论,居高临下地呵斥道:"这样的考证是很成问题的,但是也有它的渊源。它的渊源是什么呢? 就是胡适! ……这种研究方法是标准的唯心主义,得不出正确的结论是无足怪的。"(《评〈离骚〉以外的屈赋》》,载《光明日报》1951 年 5 月 26 日)在当年的特殊形势下,这样的宣判足以令对手胆战心惊。据朱东润说:"从 5 月到 6 月科学院院长郭沫若自己上阵,并组织杨树达、沈知方两位先生同时出马,先后发表了五篇文章。这一次形势很危急,经过一番考虑以后,我觉得最好是闪开一着,让这三位扑一个空。"(《朱东润自传》第十二章)自忖得不到公平辩论的机会,他也只能忍气吞声,委曲求全。

不过要说杨树达是被"组织"来的,也许未必符合实情。因为位高权重的郭沫若不仅斩钉截铁地断言:"无论从史实上、思想上、文艺上来说,把淮南王刘安认为《离骚》的作者,是没有办法可以成立的。"(《评〈离骚〉底作者〉》,载《光明日报》1951 年 5 月 26 日)还用极为轻慢的口吻说道:"关于这些方面的研究,并世学者已经写过不少的文章了。然而到了今天朱先生却依然笃信胡说而一概不管,而且还要把胡适的歪风更进一步展开,这却不能不使我们惊叹!"(《评〈离骚〉以外的屈赋》)俨然已经觉得稳操胜券,根本用不着再约请帮手。退一步讲,即便郭沫若要"组织",也该是《楚辞》研究方面的专家,而非并不以此见称的杨树达。

　　杨树达在当年的日记中也曾述及此事，如 5 月 31 日那天说："草《离骚传与离骚赋》。"并撮述文中要点；到了 6 月 12 日又写道："九日《光明日报》来，《学术》栏已登余《离骚传与离骚赋》。"(《积微翁回忆录》，北京大学出版社，2007 年）如果真是受到郭沫若的邀约，恐怕不会不记上一笔——在半年前的日记中他就提过："阅二十《光明日报·学术》副刊二十六号，载余《竹书纪年所见殷王名疏证》。此去年七月寄与郭鼎堂者，由郭代投也。"(同上书，1951 年 1 月 24 日）并未讳言其事。而从《离骚传与离骚赋》来看，杨氏意在"讨论刘安做的究竟是《离骚传》，还是《离骚赋》"，尽管以驳正朱东润为主，但也附带批评了郭沫若，称其"似乎欲折衷于传、赋之间，有迁就赋字的意思"，并说"我对于此问题的见解，和郭沫若微有不同"，甚至还提到"郭先生说：太史公作《屈原传》，曾参考《离骚传》。据我看，这篇《屈原传》可能全本《离骚传》，不仅止参考罢了"，屡屡指出郭氏的讹谬，哪有这样帮腔助阵的？

　　另外可资佐证的是作家出版社在 1957 年编辑出版《楚辞研究论文集》，"收辑的范围很广，凡可备一说、足资参考的，当时有过一定影响的，概行收入"(《出版说明》），其中也包括朱东润、郭沫若和沈知方三位在此次论争中发表的全部论文，唯独缺了杨树达这篇。而此文绝非泛泛之作，杨氏本人也相当满意，不仅说"詹安泰读余《离骚传与离骚赋》，谓郭沫若不及也"(《积微翁回忆录》，1951 年 6 月 20 日）；为了精益求精，又在次年"改撰"(同上书，1952 年 3 月 12 日）；还指出"阅郭沫若《奴隶制时代》，讨论《离骚传》文字，谓淮南王传或是赋体之说为余纠正者，已改易其说矣"（同上书，1952 年 10 月 29 日）。最后不但将其收入《积微居小学述林》（中华书局，1983 年），还在晚年写定的《汉书窥管》（上海古籍出版社，1984 年）中迻录其要旨。如果文章最初确由郭沫若"组织"而来，出版社照理不该出现这样的疏漏。

而对于朱东润，杨树达非但不陌生，先前还颇有佳评。他在日记中曾提到："阅《学原》第十期载朱东润《公羊说故》，颇好；惟于《论语》'夷狄之有君'一章，未明其义，误解耳。"（《积微翁回忆录》，1948 年 6 月 10 日）杨氏精研《春秋》，曾经"以是经设教"，而且在讲授过程中，"以《公羊传》义为主"（《春秋大义述·自序》，上海古籍出版社，2007 年），可知对《公羊传》极有心得。加之他在日记中对时人经常恣意褒贬，毫无掩饰，足见"颇好"之评绝非浮泛之论。至于指摘朱氏"误解"，当指《公羊探故》中所说的"假如我们要从《公羊传》以窥《春秋》底微言大义，第一件引起我们注意的便是团结诸夏抵抗异族这一点。……这里更流露了那番对于异族深恶痛绝的精神"。而杨氏则认为："《春秋》之义，夷狄进于中国，则中国之。中国而为夷狄，则夷狄之。盖孔子于夷夏之界，不以血统种族及地理与其他条件为准，而以行为为准。"（《论语疏证》，上海古籍出版社，1986 年）在夷夏之别的问题上，两人或强调血统种族，或注重行为表现，的确存有分歧。不过关于《论语》此章所言究竟何指，历代注疏原本就见仁见智，况且朱氏还特别强调"《春秋》主张团结诸夏抵抗异族，这便很和近代的民族主义类似了"，无疑别有深意寄托在其中。杨树达在撰著《春秋大义述》时也曾感喟道："晚遭大难，自恨书生，不能执戈卫国，乃编述圣文，诏示后进。故本编以《复雠》《攘夷》二篇为首，恶倭寇,明素志也。"(《春秋大义述·凡例》)揭橥过类似的意旨,对朱氏的良苦用心应该不难体察。

杨树达参与这次围绕屈原的论争,显然抱着相互切磋的初衷,因此并不做应景的表态或粗暴的批判,而是细致考辨《汉书》所载淮南王刘安"为《离骚传》"的具体所指。他最后得出结论,"刘安的《离骚传》只是泛论大意的文字,其非训诂式的方式",但后世"只知道有训诂式的传,不知道有西汉通论式的传",于是误认为"传当为傅,傅与赋古字通",遂将刘安的"离骚传"辗转附会成了"离骚赋"。文中还提到:"照朱先生的话,《离骚》是由刘安作于汉武帝初年,如果朱先生不能来一个考证,断定贾谊的《吊屈原文》是伪造的话,那么,便是死了三十多年的贾谊,忽然还了魂起来读刘安做的文字。"看来仍希望朱氏能够提出新的佐证,否则很难令人信服。

在遭到郭沫若等人的批评后,颇有狷介之气的朱东润私下并未服输,又接连写了两篇文章,其中一篇《〈史记·贾谊传〉疏证》认真考索了这篇传记,认为其作者"不一定是司马迁",而且《吊屈原赋》的作者也"不一定是贾谊",明显是为了回应杨树达的质疑。其实,今本《史记》并非悉数出自司马迁之手,《屈原贾生列传》是否可靠——甚至有无屈原其人——历来便有争议,对此进行探讨本无可厚非。但这两篇答辩性的文章最终却并未公开发表(现均已收入《朱东润文存》,上海古籍出版社,2014年),用朱东润的话来说,"不应战是客观形势使知识分子采取了必须采取的态度,不是我的聪明,同样也不是我的怯弱"(《朱东润自传》第十二章)。然而正因为缺乏自由、平等和宽容的环境,被褫夺了即便是"异端"也应该享有的权利,才导致朱东润"冤枉"了杨树达,误以为他也是被"组织"来的。虽然在"形势很危急"的时刻产生如此联想也属人之常情,但在杨树达"扑一个空"之后,双方也失去了原本可以深入交流的良机。

《七步诗》溯源

　　兄弟阋墙乃至手足相残虽然有悖于人伦纲常，但自古迄今都屡见不鲜，三国时期魏文帝曹丕对其胞弟曹植持续多年的猜忌和迫害就是众所周知的典型事例。与此相关还有一首堪称妇孺皆知的《七步诗》："煮豆然豆萁，豆在釜中泣。本是同根生，相煎何太急。"不过这首诗的来历相当可疑，在现存的宋刊本曹植诗文集中并未见收，直到由明人辑校刊刻的曹集中才开始出现，其后遂相沿成习。尤其经过《三国演义》第七十九回"兄逼弟曹植赋诗，侄陷叔刘封伏法"的一番渲染，更是绘声绘色，广为人知。而早在《世说新语·文学》篇中就已经记载过这首诗的创作本事："文帝尝令东阿王七步中作诗，不成者行大法。应声便为诗曰：'煮豆持作羹，漉豉以为汁。萁在釜下然，豆在釜中泣。本自同根生，相煎何太急。'帝深有惭色。"所引录的诗作不但比明人所刊曹集多出两句，文字也大有出入。清人沈德潜在编纂《古诗源》时选录的就是这种多出两句的《七步诗》，只在小注中轻描淡写地说："一本只作四句，略有异同。"并未再做深究。同时期的另一位评论家陈祚明在《采菽堂古诗选》中认为两者并无轩轻:"繁简二本并佳。多二语,便觉淋漓似乐府;少二语,简切似古诗。"尽管试图居间调停,可终究无法消除读者的一系列疑问:为什么会有不同版本的《七步诗》?两者之间存在何种关联?到底该以哪一种为准?最后或许还将面对这样的质问:七步赋诗的故事究竟是否真实可信?

对于这首诗的真伪,现代学者往往各执己见。黄节的《曹子建诗注》(商务印书馆,1930年)剔除过一些"传讹者、误入者、疑存者、复增者、断落不完者",《七步诗》就赫然在列,只是格于体例,没有详加论说。郭沫若在《论曹植》(载1944年《中原》第一卷第三期,收入《历史人物》,新文艺出版社,1951年)中则明确指出:"过细考察起来,恐怕傅会的成分要占多数。多因后人同情曹植而不满意曹丕,故造为这种小说。其实曹丕如果要杀曹植,何必以逼他做诗为借口?子建才捷,他又不是不知道。而且果真要杀他的话,诗做成了也依然可以杀,何至于仅仅受了点讥刺而便'深惭'?所以这诗的真实性实在比较少。"分析得颇合情理,然而毕竟只是依照常情进行推论,缺乏确凿无疑的证据。余冠英虽然也明白"这故事是不大可信的,因而诗的真伪也难判定",但依然把《世说新语》中的那首《七步诗》收入其《三曹诗选》(人民文学出版社,1956年),可见对此仍是信疑参半。陆侃如在《中古文学系年》(人民文学出版社,1985年)中则直接将此诗系于黄初四年,对其真实性显然毫无怀疑。而受业于陆侃如的张可礼在编著《三曹年谱》(齐鲁书社,1983年)时,又对此诗阙而不论,并未接纳老师的主张。值得注意的是,各家意见虽然并不一致,可在研究过程中大多只注意到《世说新语》中的记载,未能进一步追溯七步赋诗故事的渊源。

精擅中古史事考订，对古典文学也很有兴趣的黄永年在1985年写过一篇《从七步诗的由来评曹植诗的整理》(载《学林漫录》第十三集，中华书局，1991年；又收入《学苑与书林》，上海书店，2006年)，仔细梳理了《七步诗》的递嬗演变。除了前人早就习见的《世说新语》，他在《太平广记》中又发现了一段标明"出《世说》"的内容，记载曹丕、曹植兄弟一同出游，路见两牛相斗，其中一牛不敌，坠井而亡。于是曹丕责令曹植在百步之内赋成死牛诗，且不能提到"牛""井""斗""死"等字眼，若不能应命，便将施以斩刑。孰料曹植挥笔立就，而时间尚有余裕，随即乘兴"重作三十言自愍诗"："煮豆持作羹，漉豉以为汁。其在釜下然，豆向釜中泣。本自同根生，相煎何太急。"略作比勘之后不难发现，《太平广记》所引诗作和《世说新语》又有所不同，尽管两者都为六句。此外，据《太平广记》所述，赋诗时限定的条件原是"走马百步"，并非《世说新语》中所说的步行"七步"；而在这篇"三十言自愍诗"——即后世所谓《七步诗》——之前，曹植还写过一篇在前人所辑曹植集中都失收的《死牛诗》。(附带说一句，在《三国演义》第七十九回中倒是有这首《死牛诗》的，虽然文字略有出入，但渊源有自，绝非小说家向壁虚构。)经过仔细的比对核查，黄永年认为《太平广记》中引录的才是《世说新语》的原本，而今本《世说新语》很可能经过后人的点窜删削；至于明人所刊曹植集中新增入的《七步诗》，则并非源自《太平广记》或今本《世说新语》，而是利用《初学记》《太平御览》等唐宋类书加以辑录的，其内容又有所节略改易，和最初的面貌相差更远。由此可知，不但七步赋诗的故事出于夸张附会而并不可信,即使追溯到最初的源头,这首诗也出自小说家言,未必真实可靠。

黄永年对《太平广记》的史料价值评价非常高,在《唐史史料学》(上海书店,2002年)中曾特别指出:"此书可说是一大宝库。但对它下功夫钻研利用的人一向不多,中华书局出版了钱锺书的《管锥编》,第二册有关于《太平广记》的二百十五条札记,钱氏学贯中西,但此札记只是着重从文学角度来探讨,如从唐史研究的角度,应可写出更多的札记,找出更多的宝贵史料。"他本人就有不少论文的史料取资于此,还为学生讲授过"《太平广记》研究等即使知名院校也未能开设的课"(《对指导研究生的自我评估》,收入《学苑与书林》),以至于"学术界流传着这样的一段佳话,凡是喜好在自己的论著中征引《太平广记》的,都可能是先生的学生"(曹旅宁《记我的老师黄永年先生》,载《学林漫录》第十八集,中华书局,2011年)。这条被前人忽略的重要史料,正是他为了授课而重温此书时偶然发现的,其欣喜自得不难想见。

为了彻底了解前人校订《七步诗》的详情,黄永年又顺便翻阅了明清以来多种经过整理的曹植集,逐一评论其优劣得失。在检核近人丁福保所纂《全汉三国晋南北朝诗》时,结果竟然令他大感意外。此书最初由丁福保创设的医学书局在1916年铅印出版,中华书局在1959年又重排付印,虽然搜罗范围较广,但舛讹疏漏颇多。黄永年原以为"丁福保先生的书多不详出处,向来不为学术界所重视"。尤其是逯钦立所编相同性质的《先秦汉魏晋南北朝诗》(中华书局,1983年)问世之后,因体例严谨、校勘详审而后出转精,丁书早就已经废而不行,乏人问津了。没想到丁福保勘定的《七步诗》，却让黄永年由衷地击节叹赏，甚至"有耳目一新之感"。首先，丁氏"在'煮豆然豆萁'四句之下加了条小注，指出：'《文选·任彦昇行状》注引《世说》作"其在灶下然"，余三句同。'这是前人所从未注意到的"；其次，"在'煮豆持作羹'六句下又有小注指出：'今本《世说新语》载此六句，与《初学记》《御览》不同。'可见他已经从这两部类书里找到了'煮豆然豆萁'四句的出处"；最后，丁氏"在《七步诗》后隔了《弃妇诗》《寡妇诗》《七哀诗》三首增添了《死牛诗》，引用《太平广记》俊辩'曹植'条，并在小注中指出：'今本无《死牛诗》，即煮豆诗与此叙事亦异。'"这些细致周详的校订辑补，使得素来高傲的黄永年也不由地惊叹，"我所找到的资料，丁福保先生居然早已找到了"，"不能不使我钦佩他的渊博"，语气中明显带有几分失落。相形之下，逯钦立所做的校订则令人颇感失望，"丁书所提到的《文选》注、《初学记》、《御览》、《广记》一条也没有引用，当然也没有收入所谓《死牛诗》"。丁书的整体水准虽然远不及逯书，但就这首《七步诗》而言却是占尽上风。

　　然而继续深究下去的话，就会发现黄永年对丁福保的推崇称许其实并不得当，原因说起来也很简单，丁氏所做的校订辑补，其实完全迻录自清人朱绪曾的《曹集考异》(《金陵丛书》铅印本，蒋氏慎修书屋，1914 年)，根本没有丝毫自己的新发现。即使是黄永年在文中指摘丁书"在编写体例上还不够精密，如应该把《死牛诗》紧接《七步诗》，把《广记》所引《世说》的异文注到《七步诗》之下，又如把《广记》载本《死牛诗》的'凶'字改为'山'，'峄'字改为'歔'(按：黄氏原文误作'飙')而不说明理由之类"，也都原封不动地承袭自《曹集考异》。只不过朱绪曾在曹植诗句下原先还引录过南宋吴曾《能改斋漫录》里的一则评论，其中提到："魏曹子建《牛斗诗》云：'行至土山头，欻起相搪揆。'见《太平广记》。"可知他在校改文字时还是交代过依据的，只是丁氏在过录时有所删略，才由此遭到黄永年的批评。

丁福保毕生喜好藏书编书，凭借个人收藏而纂辑的《说文解字诂林》《文选类诂》《佛学大辞典》等资料集和工具书，都是汇聚各家著述，取精用宏而成。在编纂《全汉三国晋南北朝诗》时也是如此，对于前人所做的校勘辑佚相当倚重，只是各部分参考借鉴的对象水平参差不齐，才导致全书有畸轻畸重的弊病。而且由于所涉内容太多，头绪纷繁复杂，也未及一一标明来源。伦明在《辛亥以来藏书纪事诗》（上海古籍出版社，1990年）的"纪昀"条中曾根据稿本上的署名，判定旧题纪容舒所撰《玉台新咏考异》实际上是其子纪昀所著，"殆善则归亲之意"，随后批评"近人丁福保又添入八朝全诗中，攘为己有"。仔细覆按《玉台新咏考异》和《全汉三国晋南北朝诗》——也就是伦明所说的"八朝全诗"，后者有不少校语确实源出前者而未做说明。丁氏将《曹集考异》的校补内容迻录到自己的书中，情况也与此相仿，这正是他在编纂此书时的惯常做法。未能明确交代资料来源确实有欠规范严谨，可伦明径直斥其"攘为己有"也不免有些言重。丁福保凭借一己之力而能在短时间内编纂出这样大部头的著作，且其宗旨在于嘉惠学林而非谋求私利，对此还是应该抱以"了解之同情"，不能一味地求全责备。

丁福保早年曾择取善本辑印过《汉魏六朝名家集》（文明书

局，1911年），其中曹植部分选取的是清中叶知名学者丁晏所撰《曹集铨评》。尽管丁氏凭借此书而被誉为"曹集之功臣""思王之知己"（吴棠《曹集铨评序》），但正如黄永年所言，他在校订《七步诗》时"难免粗疏之失"，多有"浮泛不切之词"。相形之下，《曹集考异》就显得更为翔实精审。朱绪曾在自序中简述过撰著此书的大致经过，他有感于"隋唐旧帙既佚"，而行世的曹集又多"承讹踵谬"，"于是寻源竟流，核其原采之书"，广泛参考了明清以来各家校订的曹植集以及历代史传、类书、总集、诗文评等。他自称"绪曾谫陋寡闻，敢希七步；篇籍不去，实所醉心。舟车自随，暇即改定"，虽多有谦退不伐之词，也可知其寝馈多年，才得以撰成此书。丁福保在校勘曹诗时并没有贪图便利沿用旧编，还是重新加以审查比较，并最终舍弃《曹集铨评》，转而参酌《曹集考异》，足见其不循虚名，择善而从。

　　而以黄永年之博雅多闻，之所以会一时失察，也属情有可原。据朱绪曾之子朱桂模在《曹集考异跋》中回忆，朱氏校辑此书始于道光二十年，至咸丰三年才完成初稿。其后修订不辍，直至咸丰十年去世时仍未及付印。而书稿则被友人借阅，先是迭经战乱下落不明，后又不幸遇火惨遭焚毁。直到同治九年，朱桂模才辗转得到早年抄录的初稿副本。两年之后，他在诸多师友的协助下开始校核整理全稿。直至光绪元年，方告最终蒇事。成书的过程固然充满艰辛波折，其后的付梓流传也并不尽如人意。等到全书正式出版，已经进入民国，而且知者寥寥。今人赵幼文在《曹植集校注》（人民文学出版社，1984年）中虽曾言及"朱绪曾《曹集考异》"（按：赵氏原文误作'曹集撰异'），丁晏《曹集铨评》，多据旧本及类书检校，矜慎详密，号称善本"，但在校注过程中仍以《曹集铨评》为底本，偶见引用《曹集考异》，似乎也是从黄节《曹子建诗注》中转引而来，并未见过原书，否则就不会对大量仅见于《考异》的校辑成果视而不见了。更有甚者，赵氏在《前言》中明明说用丁福保的《全汉三国晋南北朝诗》核对过，但在校订《七步诗》时却对其中校订辑补的内容"一概视而不见"，无怪乎黄永年觉得此举"比逯钦立先生之不用丁书更不好理解"。专门研究曹植的学者尚有如此疏失，对偶尔涉足于此的黄永年就更不必苛责了。

尽管由于一时大意失检而给了丁福保不虞之誉，但黄永年在文章最后所发的一通感慨却依然值得重温："近年来古籍整理的新成果纷纷问世，这自是大好事。但希望至少要把前人旧成果中的好东西吸收进新成果里，能够自己提出好东西从而超越旧成果就更为理想。如果连旧成果都不能注意撷取，那就未免令人扫兴。"距离他当年说这番话，倏忽已经过去三十多年了，古籍出版事业也越来越呈兴旺繁盛之势。可毋庸讳言，在大量新近印行的古籍中混杂着不少整理草率之作。虽然时常标榜着创新突破，实际上却是敷衍塞责，甚或粗制滥造。与其如此，还不如像丁福保那样，多撷取一些前人旧成果中的好东西给读者呢。

杜甫生日考

关于杜甫的生卒年，在元稹《唐故工部员外郎杜君墓系铭》和新、旧《唐书》本传等早期文献中，不但语焉不详，而且颇有龃龉。经过历代学者仔细甄别，总算把生年确定为公元712年。至于具体日期，从宋人吕大防、鲁訔、黄鹤，到清人钱谦益、仇兆鳌、杨伦，乃至近人闻一多、朱偰、冯至等，诸家所撰年谱、传记都因史料无征而付之阙如。直到1958年四川人民出版社出版了由四川省文史研究馆编纂的《杜甫年谱》，在"公元七一二年"条中才正式宣布："正月一日，杜甫生于河南巩县东二里之瑶湾。据《京兆杜氏工部家诗年谱》：'公生于是年正月。'天宝十载《杜位宅守岁》诗云：'四十明朝过。'又大历三年正月《元日示宗武》诗云：'赋诗犹落笔，献寿更称觞。'据此可定其生日是在元日。"这一年恰逢唐玄宗李隆基正式即位，就此开启了所谓的"开元盛世"，如果杜甫真是在正月初一那天降生，那么宋人王禹偁所说的"子美集开新世界"（《日长简仲咸》），无疑又将平添几分特殊的意味。

在这本年谱前有四川省文史研究馆馆长刘孟伉所撰《简

介》，称"此编于杜甫生平及杜诗各篇写作之时地，无不详加考订，期于至当，按年系谱，一目了然"，对自家人态度之谨严及考证之翔实都相当自信。《凡例》中也强调"编者写此初稿时，语语求其有根据，处处求其合史实，无可考者从阙，不可决者从疑"；特别批评前人"于杜甫之生日，皆付阙如"，而"兹编则于生日问题，依新提出之证据，已可能得一解决"。足见发现杜甫生日的确切日期，正是编纂者矜为创获的重要成果。在 1961 年召开的世界和平理事会主席团会议上，决定将杜甫列为第二年——也就是他诞辰一千二百五十周年——纪念的世界文化名人。编纂者虽不能预知此事，但能考证出确切的出生日期，实可谓躬逢其盛，与有荣焉。

　　不过年谱的主要证据就来自杜诗，为何千百年来无人据此推阐，难免令人疑窦顿生。客居美国的洪业率先提出质问，他在 1962 年《南洋商报》元旦特刊上发表《我怎样写杜甫》，介绍自己撰写《杜甫：中国最伟大的诗人》(哈佛大学出版社，1952 年)的体会。在该书第一章中他曾明确表示："我们没法知道杜甫出生的月份、日期，甚至是季节。"(曾祥波中译本，上海古籍出版社，2011 年)对于新的发现当然会格外关注。可他在文章中并不赞同此说，认为《京兆杜氏工部家诗年谱》之类"稍加考证，便露出作伪的痕迹来"，而"正月初一日的拜寿，是'天增岁月人增寿'的寿；不是母难、生日的寿"(此文已收入中译本附录)，所以并不能采信。紧随其后，同年 4 月 11 日《北京晚报》上刊登了萧涤非的《杜甫的生日是正月初一吗？》(收入《杜甫研究》修订本，齐鲁书社，1980 年)，和洪业的意见不谋而合，认为新说"证据还嫌薄弱，不能成为定论"。针对那两首杜诗,他又做了更细致的分析:"按照我国传统习惯,任何人只要一进入大年初一,就都等于大了一岁,所以凡是一入新年便算四十一岁的人,当除夕时他都有资格说'四十明朝过',不一定非正月初一的生日不可";"在唐代,大年初一,大户人家照例要喝点酒。……称觞献寿,更是常规,丝毫也不能证明这一天就是杜甫的诞辰。……即使是平常宴饮,宾主之间也不免有祝寿的客套,何况是正月初一,而且又是儿曹,'献寿'就更不足为奇了"。简而言之,进入新年例添一岁,元日饮酒祝寿祈福,原本都是古人习俗,而年谱却牵强附会,造成过度诠释。

时隔多年,移居台湾的郑骞在 1973 年又写了一篇《杜甫的生日》(收入《龙渊述学》,大安出版社,1992 年),逐条批驳年谱所举证据:首先针对《京兆杜氏工部家诗年谱》,认为"书名似通非通,大概是取杜诗'诗是吾家事'之意。此书从来没听说过,仅见《杜甫年谱》征引,确实是来历不明,面生可疑";其次指出"四十明朝过"一句"乃是因为过年,与生日无关。《杜甫年谱》的作者,以近代传来的西洋习俗来解决中国古代的问题,是解决不了的";接着又分析"献寿更称觞"一句"是祝人长寿之意,并不是近代所谓拜寿、作生日",且细读该诗全篇,"一点生日的意味都没有";最后则考察了杜甫另一篇在元日创作的《元日寄韦氏妹》,强调其内容"也是丝毫没有提到生日的欣愉或感慨","可成为有力的反证"。较诸前人,其论述更为缜密周详。

经过洪、萧、郑三位先后考辨,《杜甫年谱》所倡的新说显然扞格难通。然而事情的发展并未如人所料,居然仍有人对此坚信不疑。人民文学出版社于 1971 年出版郭沫若的《李白与杜甫》，其中有《李白杜甫年表》，在"玄宗先天元年（712）"一栏就赫然写着："杜甫以正月元旦生于河南巩县瑶湾。"虽然没有提到所依据的文献，但应该参考过那本新编年谱。洪、郑两位的批评意见，郭沫若或是未能见，或是未及见。未及见者可置勿论，未能见者也不必苛责。正如在他之后的郑骞，除了言及洪业以外，同样"未闻有人提出反对意见"，并不知悉萧涤非的看法。在信息交流不畅的年代，完全可以体谅。然而萧氏文章近在咫尺，郭沫若竟然也未曾留意，则让人殊感意外。这大概与《李白与杜甫》的撰述宗旨不无关联，郭氏为了逢迎上意而对杜甫极尽嘲讽贬损之能事，对萧涤非这样的杜甫专家，想必也是"道不同不相为谋"，不屑一顾，自合情理。此外，萧氏的商榷未能引发相应关注大概还与当时的整体氛围有关，学术界正忙着举行一系列杜甫诞辰纪念活动，突然对其出生日期提出异议，明显不合时宜。为了配合相关活动的开展，人民文学出版社从 1962 年起编辑出版过三辑《杜甫研究论文集》，第三辑的内容正是 1962 年 1 月至 9 月间发表的三十六篇论文，其中就有萧涤非的三篇，足证他在此领域中的影响。可书中并未选录在此期间撰写的《杜甫的生日是正月初一吗？》，甚至在书后所附同时期报刊论文索引中也未见其踪影。是否为了维持和谐欢庆的局面而特意遮蔽掩盖呢？个中原委颇耐人寻味。

以郭沫若当时学术界的地位，他主张的意见毫无疑问更能得到普遍的认同。萧涤非所在的山东大学中文系古典文学教研室，后来曾集体编注过一本《杜甫诗选》（人民文学出版社，

1980 年)。萧氏不仅参加撰写初稿，还审阅过部分二稿，只是未能参与最后定稿。该书附录的《杜甫年表》居然也说杜甫生于"正月一日"，根本没把他的意见当回事。而那本《杜甫年谱》在1981 年一字未改地重版印行，又进一步扩大了影响。尽管有个别学者如陈贻焮认为"不得遽定杜的生日在元旦，甚至在正月"（《杜甫评传》第一章，上海古籍出版社，1982 年），但受此误导的仍不乏其人。周采泉的《杜集书录》（上海古籍出版社，1986 年）甚至将该谱与闻一多的《少陵先生年谱会笺》相提并论："所有杜甫年谱除闻谱外，以此谱最为有据矣。"虽未直接言及生日问题，但对此当持肯定意见。早年在西南联大受教于萧涤非的王士菁，后撰有《杜甫年谱简编》，相继收入其编著的《杜诗便览》（四川文艺出版社，1986 年）和《杜甫词典》（河南大学出版社，2011年），虽未确指老杜生于元日，可还是认为当在正月，依违两可，并没有尽奉师说。而近年来某些论著、选本依然言之凿凿地将正月初一视为杜甫的生日，不明究竟的媒体则津津乐道，推波助澜。其实都只是辗转稗贩，以讹传讹。说到底，不知道杜甫的生日又能怎样？这丝毫无损于诗人彰显的博大胸襟与深沉气象，也根本不能阻碍我们继续研读那些生气淋漓、激荡人心的诗篇。

杜甫"卖药"考

　　吴小如写过一组《师友怀想录》(收入《书廊信步》,辽宁教育出版社,1995 年),其中一篇《梁实秋治杜诗》提到早年至梁府拜访,"给我印象最深的是,书房的一个角落中堆满了一函一函的线装书,都是关于杜诗的研究专著。我不禁流露出歆羡的眼光。梁先生告诉我,这都是他回北京后委托书商觅购的,好坏都有,如果我想借,尽管来借";只是尔后关山迢递,音书断绝,直至 80 年代初才辗转读到一些梁氏的新作,"使人奇怪的是,从梁先生的两本晚年著作中竟找不到一句有关杜诗研究的话。是否他自离开北京以后就再没有研究杜诗了呢,我希望能从海外得到回答",言语之间满是遗憾怅惘。殊不知梁实秋在 70 年代曾于台北《中华日报》开设《四宜轩杂记》专栏,其中《读杜记疑》《剑外》《饮中八仙歌》数篇均与杜诗相关,可知他晚年虽无专门论著问世,对杜诗的喜好却丝毫没有衰减。

　　梁实秋评议杜诗,谈言微中,颇有可观,特别是《读杜记疑》中有《卖药与药栏》一则,涉及杜诗研究中的一桩公案,读来令人颇感兴味。文中提到杜甫在《进三大礼赋表》中说自己曾经"卖

药都市,寄食友朋",梁氏认为:"卖药恐怕不是真的卖药,是引用
韩康'卖药洛阳市中,口不二价'的典故,自述旅食京华之意。有
人写《杜甫传》,把杜甫真个说成为一个卖药郎中,疑误。"历代注
家对杜甫这两句话都未尝措意,唯有清人仇兆鳌《杜诗详注》云:
"天宝中,公旅食于京华。《神仙传》:'韩康伯休卖药洛阳市中,
口不二价。'"梁氏显然受此启发,认为老杜只是用典故来比况自
身境遇,并非表现真实经历。他随后又做了更深入的研讨,在征
引杜诗"不嫌野外无供给,乘兴远来看药栏"两句后,加按语道:
"杜公植药,未必是为卖药之资。何况所谓药栏亦未必就是种植
草药之栏,因草药亦不需栏。《开元天宝花木记》云:'禁中呼木
芍药为牡丹。'木芍药即今之牡丹。药恐即木芍药之简称。"随后
又补充说:"不过杜甫多病,与药结不解缘,也是事实,在诗中斑
斑可考。如谓凡药皆视为配药之药,则有时不免失误。"疏释频
频出现在杜诗中的"药",进一步证成己说。

梁氏所批评的"有人写《杜甫传》"云云,疑指冯至所撰《杜甫
传》。这部传记最初在 1951 年的《新观察》上连载,次年经修订
补充后,由人民文学出版社推出单行本。其中《长安十年》章说:
"他在长安一带流浪,一天比一天穷困,为了维持生活,他不能不
低声下气,充作几个贵族府邸中的'宾客'。……他在山野里采
撷或在阶前种植一些药物,随时呈献给他们,换取一些'药价',
表示从他们手里领到的钱财不是白白得来的。这就是他后来所
说的'卖药都市,寄食友朋'。"不仅认为诗人确实在长安城中卖
过药,还想象出他在山间阶前种植草药的情节。在《成都草堂》
章中又说:"他耕耘南亩,种树培药,必须具有一个农夫所应有的

勤劳。……侍御魏某骑马到草堂给他送来买药的代价,他也得作诗酬答。"最后一章《悲剧的结局》还提到:"他在夏末到了潭州,船成了他的家。他残废多病,有时在渔市上摆设药摊,出卖药物来维持生活。"也再三强调"卖药"曾是老杜谋生养家的重要手段。

到了1962年,冯至还发表过一篇以杜甫晚年境遇为题材的小说《白发生黑丝》(载《人民文学》1962年4月号),在叙及诗人贫困潦倒的境遇时,曾设身处地揣摩当时的情景,有过一段生动的心理描写:"杜甫的心里就在想,卖药,我是有经验的,在长安时,我在王公贵族的府邸里卖过药,在成都时,我在一些官吏中间卖过药,如今流落潭州,为什么不能把药卖给老百姓呢?"更是将此前分散在《杜甫传》各处的"卖药"故事串接在一起。

据冯至自述,撰写《杜甫传》时,"力求每句话都有它的根据,不违背历史。由于史料的缺乏,空白的地方只好任它空白,不敢用个人的想象加以渲染",可见态度极为审慎;又提到所参考的资料,"主要是仇兆鳌的《杜少陵集详注》;仇氏注杜,虽然有许多牵强迂阔的地方,但他丰富地搜集了十七世纪以前关于杜甫的评论和注释,给作者很多方便"(《杜甫传·前记》),对仇注也颇为倚重。可是仍将"卖药"视作写实,显然认为仇氏援引韩康卖药的典故只是牵强附会罢了。

其实不仅是冯至,近人在研治杜诗时,几乎都将"卖药"视为生活实录而非隶事用典。如萧涤非《杜甫研究》(齐鲁书社,1980年)上卷《杜甫的生活》说:"他开始'卖药都市',遭人白眼,过着乞丐式的屈辱生活。"缪钺《杜甫》(四川人民出版社,1980年)中

《入蜀以前》一节说:"杜甫只好靠朋友的照顾与周济,自己也种些药卖。"陈贻焮《杜甫评传》(上海古籍出版社,1982 年)第六章《旅食京华》说:"他后来有些诗句写到他在流寓地采药、种药的事,可见他从寄旅长安时开始,就靠卖药补贴部分家用了。"贺昌群《诗中之史》(收入《贺昌群文集》第三卷,商务印书馆,2003 年)说:"(杜甫)由于久病,知医识药,故曾卖药长安。"萧、缪、陈三位都是研究杜诗的名家,贺氏虽以治史著称,但据说"对于唐代诗歌、特别是杜甫诗歌的研究下过很大功夫。他早年曾经在南北各旧书坊尽力搜集杜诗的各种注本,可惜在抗战期间因四处流离而大多散失。'以史论诗,诗中觅史',是贺昌群研究杜诗的一大特色"(林甘泉《贺昌群文集·总序》)。

这些专家对《杜诗详注》自然不会陌生,却异口同声地认为杜甫确有"卖药"的经历,这和仇注未能追根溯源且内容过于简略,或许不无关系。韩康卖药之事详见《后汉书·逸民列传》,说他"常采药名山,卖于长安市,口不二价,三十余年。时有女子从康买药,康守价不移,女子怒曰:'公是韩伯休那? 乃不二价乎?'康叹曰:'我本欲避名,今小女子皆知有我,何用药为?'乃遁入霸陵山中"。可见最后重点落在"本欲避名"之上。仔细寻绎《进三大礼赋表》上下文,似乎不能将"卖药都市"理解为诗人的真实经历。因为就在此之前,作者还说道:"臣之愚顽,静无所处,以此知分,沉埋盛世,不敢依违,不敢激讦,以渔樵之乐自遣而已。"如果信以为真,难道在卖药之前,老杜还捕过鱼、砍过柴? 其实"卖药"和"渔樵"一样,只是用来表明隐士身份的套语。这在唐人作品中屡见不鲜,如王绩《赠李征君大寿》:"编蓬还作室,绩草更为裳。会稽置樵处,兰陵卖药行。看书惟道德,开教止农桑。别有幽怀侣,由来高让王。"王维《寄郑霍二山人》:"郑公老泉石,霍子安丘樊。卖药不二价,著书盈万言。"所言"卖药"都不可坐实。

由此看来,较诸冯至、萧涤非、缪钺、陈贻焮、贺昌群诸家,梁实秋的看法恐怕更加言之成理,老杜不过是借"卖药"的典故来引出自己因躬逢盛世而欲告别隐逸以谋求出仕的想法。80 年代初,有台湾学者撰《杜诗用事后人误为史实例》,其中一节即辨析此事;数年前,此间亦有学者撰文考证"卖药"实为老杜隶事。两位作者旁征博引,对于了解"卖药"具体所指颇有裨益,不过都未提及这则短短的札记,俨若孤明先发,想来根本就不曾料到身为散文家和翻译家的梁实秋居然也能写此类文章吧。

宋代人究竟如何"说话"？

宋代都市生活繁华，市民文化也随之勃兴，相继出现过众多市井文娱活动，其中有一项"说话"技艺——也就是说书、讲故事——尤其受到士庶民众的广泛欢迎。但因为品类繁杂琐屑，加以载籍纷歧不一，历来都缺乏缜密而详审的研讨。以所谓"南宋说话四家"为例，王国维、鲁迅、胡适、陈汝衡、王钟麟、孙楷第等近现代学者，或因所据文献不尽相同，或对资料释读存有分歧，便先后产生过各种说法；至于每一家说话流派内部所包含的具体细目，也同样聚讼纷纭，难有定论。钩稽排比相关史料，居然还牵扯到不少中外学者延续数十年之久的争论，能够从学术史的视角发现一些有意思的话题。

对小说、戏曲等俗文学作品颇感兴趣的诗人戴望舒在20世纪40年代中期写过一篇《谈〈东京梦华录〉里的一个句读问题》（收入吴晓铃编《小说戏曲论集》，作家出版社，1958年），就涉及"说话"技艺中"讲史"一派艺人的家数问题。他在文中述及自己写作的缘起，乃是因为"最近读到日本京都东方文化研究所出版的《东方学报》第十四册第二分册。内中最引起我注意的是吉川幸次郎先生的《元杂剧之构成》那一篇。吉川幸次郎先生是日本少壮的中国学家，近年从事元曲研究，于学术界贡献甚巨"。他提到的这一期《东方学报》出版于1944年2月，此时的吉川幸次郎刚届不惑之年，但已经在日本汉学界崭露头角，数年之后还凭借《元杂剧研究》获得京都大学文学博士学位，此次发表的正是其博士论文中的一部分。戴望舒对吉川的研究近况显然极为关注，然而在礼节性的称赞致意之后，随即就提及在他的论文中"也有一个小小的错误，那便是关于引用《东京梦华录》的句逗问题"。南宋孟元老在《东京梦华录》卷五《京瓦伎艺》中曾经详细开列过一份包括"说话"在内的民间艺人名单，近现代学者在考察"说话人"家数的时候经常会加以征引和分析。戴望舒认为其中一段文字应当标点为"霍四究：说《三分》。尹常卖：《五代史》。文八娘：叫果子"，而吉川幸次郎居然掐头去尾地读成了"说三分：尹常卖。五代史：文八娘"。为了证明自己判断无误，戴望舒还从《东京梦华录》原书当中寻找到了重要的佐证："同书卷六《元宵》条有'尹常卖：《五代史》'等语，即可为吉川先生误读之证。"通过前后文的比勘互证，来坐实吉川在研读中确实存在断句失误。

平心而论，《东京梦华录》中有不少内容确实很难读懂，尤其是涉及市井民俗的部分，由于缺乏相关资料作为参考，有时几乎难以索解。从30年代起耗费二十余年时间校注此书的历史学家邓之诚就曾经大叹苦经："断句以《伎艺》《饮食》为最难，其他讹夺俱难强解。虽力求不误，而误者必多。"（《东京梦华录注·自序》，商务印书馆，1959年）戴望舒对此应该也深有体会，所以并没有对吉川幸次郎的误读多加苛责,而是相当体谅地说:"《东京梦华录》是一部极可爱而又极不易读的书,而遇到这种地方,文字之连上读或接下读又是毫无标准的,读错了原无足怪。"兴许是为了宽慰对方,他又附带批评道,即便是中国学者也难免会出现类似的谬误:"赵景深先生曾把'尹常卖:《五代史》'读为'尹常:卖《五代史》';孙楷第先生读此节时句逗的错误又完全和吉川先生一样。"所述赵景深的断句失当,留待下文再予细说。先来看孙楷第的讹误,源自他发表在1930年《学文》创刊号上的《宋朝说话人的家数问题》,其中引录《东京梦华录》此节文字,标点作"说三分尹常卖,五代史文八娘子",两相对照,确实和吉川幸次郎的理解相仿。据邓之诚所述,他在整理《东京梦华录》时曾经得到过孙楷第(字子书)的慷慨襄助,有不少资料"皆友人孙子书举以告我者"(《东京梦华录注·自序》),可见孙氏对此书素有研究,颇多蓄积,然而在细节方面仍不免略有疏失,足证戴望舒所说的"读错了原无足怪",洵非虚语,并无客套。

孙楷第的这篇论文此后经过润饰,相继收入其《论中国短篇白话小说》(棠棣出版社,1953年)、《俗讲、说话与白话小说》(作家出版社,1956年)以及《沧州集》(中华书局,1965年)等论文集中,最初在刊物上发表时所出现的那处断句错误都已经改正无误。不过仔细考察缘由,促使他修订疏漏的恐怕还未必是因为戴望舒的指摘,而是俞平伯在1931年4月发表于《清华中国文学会月刊》创刊号上的《〈东京梦华录〉所载说话人的姓名问题》(收入《燕郊集》,良友图书印刷公司,1936年)。文章指名道姓与孙氏商榷:"考《梦华录》此节之文,极其凌乱,有联上读者,亦有

联下读者。……乃孙君悉以属下，遂致所记名字悉误。"在示范
了正确的断句方式应当是"霍四究，说三分；尹常卖，五代史"之
后，俞平伯又在文章最后的附记中提到："此文甫毕，在同书卷六
'元宵'条，歌舞百戏下有'尹常卖五代史刘百禽虫蚁'可证。"同
样通过书中的内证来判定对方的误读。孙楷第当时正供职于北
平图书馆，同时还兼任北京师范大学、北京大学、辅仁大学等校
教职，就常情而言，应该很容易留意到同样在北大兼课的俞平伯
的批评，据此修正自己的误读自然也顺理成章。

　　毫无疑问，若就文句之联上抑或属下，乃至寻求原书内证而
言，早在戴望舒之前，俞平伯就已经解决了问题。不过再仔细推
敲一番，宋人究竟应该如何"说话"的疑问，实际上仍存待发之
覆，即戴望舒在文章中还提到赵景深曾将其中一句读作"尹常：
卖《五代史》"，可见"卖"字在上下文中到底该如何归属，依然存
有分歧——邓之诚在《东京梦华录注》中将此句标作"尹常卖五
代史"，便索性不予细究，含混敷衍过去了——赵景深的误读见
于1940年《宇宙风（乙刊）》第二十九期上发表的《南宋说话人四
家》一文，他根据孟元老的叙述，用图表的形式来展示当时说话
人的家数分类情况，将"说三分：霍四究"与"卖五代史：尹常"并
列，作为"讲史"类的两大派别。论文后来收入其《银字集》（永祥
印书馆，1946年）中，内容一仍旧贯，并无丝毫改动。究其原委，
大概正如戴望舒在另一篇与这场争议相关的文章《释"常卖"》
（收入吴晓铃编《小说戏曲论集》）中所言，当是认为在《东京梦华
录》原文中"'说《三分》'与'卖《五代史》'相对成文，尹常是姓名，
固无可非难者"。其实类似的理解并不仅见于赵景深此文，在此

之前,热衷于考证传统小说的胡适也注意到"宋代'说话'的种类,各书说的不相同",并在日记中通过列表的方式来比较《东京梦华录》与《都城纪胜》《梦粱录》《武林旧事》等文献中的记载,以便考察"说话人"的流派分合。在《东京梦华录》一栏之中,就赫然列有"卖五代史"一项(参见曹伯言整理《胡适日记全编》1922年10月21日条,安徽教育出版社,2001年),可见他也同样将"尹常"视作该艺人的姓名,其断句方式和赵景深完全一致。

赵景深、胡适等人依循上下文句之间的对应关系而做出的判断似乎言之成理,不过戴望舒对这样的标点方式仍然持有异议。他在《释"常卖"》中认为"此未考'常卖'系一专门称呼之误也。'常卖'系一种专业之特称,今人称质库司事为'朝奉',称卖针线花粉者为'货郎','常卖'一辞,亦即类此"。他还特意摘录南宋赵彦卫《云麓漫钞》中"方言以微细物博易于乡市中,自唱曰常卖"的记载,并进而推论说:"意者尹某原为行贩,及改业小说人,仍袭其旧称也。"强调"常卖"意为走街串巷贩卖日常货品,是当时的行当名称,不能拆开分释,而"尹常卖"则是由姓氏加职业所构成的特殊称谓。这一结论无疑是信而可征的,直到此时,这个涉及宋人"说话"的问题才算得到较为圆满的解答。

在戴望舒之后,另一位俗文学专家叶德均又写了一篇《释常卖》(收入《戏曲小说丛考》,中华书局,1979年),同样批评"近人论小说的专著和文学史之类,就有把'卖'字当着'卖唱''叫卖'之类的'卖'字看,和前面'说'字作对待的。因而把'尹常'二字当作人名,在旁边加个人名号,如赵景深先生《南宋说话人四家》(见《银字集》)一文"。而他的意见与戴望舒完全相同,即认为

"尹常卖"才是对这位"说话人"的正确称呼。除了戴氏先前所举证的《云麓漫钞》之外，他又征引了《铁围山丛谈》和《中吴纪闻》这两部宋人笔记中的记载，进一步证实"'常卖'一辞，是宋人习用的方言，指街市叫卖零星什物者。……常卖既是做小买卖的称谓，而尹氏又以常卖为名，当是未入瓦市说《五代史》以前，曾经做过'常卖人'，因而称之为尹常卖"。由于增添了新的例证，使得戴望舒所做的推论更显得坚确不移。戴望舒曾在 40 年代主编《星岛日报·俗文学》周刊，约请过众多学者撰文助阵，叶德均也在受邀之列；而在吴晓铃搜集整理戴氏遗稿的过程中，叶德均也提供过参考意见（参见吴晓铃编《小说戏曲论集》中《读〈李娃传〉》一篇编者附记），足见两人在学术上颇有交谊，叶氏在考证"常卖"一词时或许受到过戴氏的启发也未可知。至于陆澹安《小说词语汇释》（中华书局，1964 年）、许政扬《宋元小说戏曲语释》（收入《许政扬文存》，中华书局，1984 年）、龙潜庵《宋元语言词典》（上海辞书出版社，1985 年）等论著中也都列有"常卖"条目，各家结论基本相同，而考释更为详赡；甚至还有学者如戴不凡在《小说识小录》（收入《小说见闻录》，浙江人民出版社，1980 年）中，进一步寻绎宋人笔记中留存的蛛丝马迹，推测"尹常卖"的本名或为"尹昌"。尽管他们未必都参考借鉴过戴、叶两位的论文，但就时间而言，均已在两人之后了。

　　直接卷入这场争论之中的学者，当然会认真参考戴望舒等人的考释结果，以便修正自己的讹误。吉川幸次郎的博士论文《元雜劇研究》在 1948 年正式出版，其下编的第一、二两章《元雜劇の構成》就是根据此前在《东方学报》上发表的那篇论文修订润饰而成。在引录《东京梦华录》的那段内容时,吉川将原文转译为"霍四究が說三分、尹常賣が五代史"(据岩波书店1954年第二版),显然已经意识到自己先前的误读而及时加以补救。可惜的是,在60年代初问世的郑清茂中译本《元杂剧研究》中,却不知道是由于什么缘故,并没有注意到这一点,在将这段文字恢复为汉语时,竟然在"尹常"旁添加了专名线(据台湾艺文印书馆1987年第四版)。据郑清茂在《译后记》中自述:"我对元杂剧虽有偏爱,但自认没有什么深刻的研究。"又说:"我翻译本书时,最感棘手的是书中所引中文资料的还原工作。"他或许并不知晓此前围绕着这段文字的标点所发生过的一系列争议,在检核《东京梦华录》原文时又疏忽失察,没有仔细参酌吉川的日译,反而以不误为误,最终导致吉川幸次郎的一番苦心付诸东流。郑氏在《译后记》中还郑重提到:"胡适之先生、郑因百先生、董同龢先生、陈世骧先生、牟复礼先生、严一萍先生、罗锦堂学长、郑再发学兄,他们对本书的翻译和出版,都曾直接或间接地给我指示或协助。"他将"尹常"视作人名,倒是和胡适先前所作判断如出一辙,不知是否受其影响。列入这份致谢名单之中的郑骞(字因百)在70年代初撰有《永嘉室札记》(收入《龙渊述学》,大安出版社,1988年),其中有一条专门考释《东京梦华录》中"常卖"一词,依据《孙公谈圃》《云麓漫钞》和《志雅堂杂钞》等宋人笔记中的记载,指出"常卖为当时一种行业,或出入人家第宅,或沿街巷,或自设店铺,以贩卖杂货为生者也",虽然未曾言及戴望舒、叶德均等人,可最后的结论倒是不谋而合。从其所举例证来看,又有溢出戴、叶两家范围之外的资料,想来并非有意掠美,而是无心暗合。只是在十年前郑清茂着手翻译《元杂剧研究》之际，郑骞还没有对这个问题做过仔细考辨，未能给予有针对性的指点。而对于大部分只能阅读中译本的读者而言，在这个细节上终不免被译者误导。

另一位当事人赵景深在晚年整理部分文稿，汇为《中国小说丛考》（齐鲁书社，1980 年）一书，那篇出过纰漏的《南宋说话人四家》也被收入并经过了修订。赵景深与戴望舒过从甚密，在结婚时甚至还盛邀对方出任男傧相；和叶德均之间则有师生之谊，并在 50 年代末主持整理过叶氏的遗著，对他们两位的意见当然会格外留意参考吸取。虽然已经事隔多年，但能够亡羊补牢，避免谬种流传，还算为时不晚。

更有意思的是，在邓之诚的《东京梦华录注》由商务印书馆于 1959 年正式出版之后不久，与吉川幸次郎合作研究过元代戏曲的日本学者入矢义高便在日本《书报杂志》上撰写长篇书评给予极其严厉的批评。此文竟然旋即被翻译过来，刊登在《古籍整理出版动态》上，其内容"略谓校订失多于得，句读误至五十余处，注释有当注不注、注而不切，且注错者甚多。因定为低下之书，其疏漏之严重为近来中国出版注释书中所罕见"，言辞犀利刻薄却又有真凭实据，惹得自视极高的邓氏耿耿于怀，"夜中遂不寐，信心平气和之难耶！""气坠，起坐良久，乃知又受凉矣！"（邓瑞整理《邓之诚文史札记》1959 年 9 月 8 日条，凤凰出版社，2012 年）为了一探究竟，邓之诚立即致函日本友人杉村勇造，托其代为寻觅入矢义高的原文（同上书，1959 年 9 月 14 日条）。其至在日本发生地震时，他还像小孩子斗气一般说道："闻日本又遭海啸,名古屋最甚,骂我之人矢义高谅不致受虚惊也。"(同上书,1959 年 9 月 27 日条)而等到接获入矢义高的原文之后,他又评价说:"其辞极奚刻,指摘甚当,然亦有说可两存者。其人颇称许邓广铭、王利器、周祖谟,服其精审。予老矣! 不欲与少年争得失,撰为此注颇有托意,时人恐未必能解也。"(同上书,1959 年 9 月 29 日条)尽管心有不甘而欲极力辩解,但也不得不承认自己确实存在失误。看到邓广铭等年轻一辈的学人受到对方推崇,又颇有几分失落怅惘,但也只能强作宽慰之词,聊以排遣抑郁。一个月后,他在日记中又留下一笔:"《光明日报·史学》载邓广铭等四人所为文,袭用入矢义高语句,盖赏其能骂我也。方以类聚,物以群分,诚然!"(同上书,10 月 29 日)指的应该是当天发表的由邓广铭、田余庆、陈庆华、张寄谦四人合作撰写的《十年来的中国史研究概述》,文中特别列有"古籍整理"一项,介绍"我们在古典历史文献的整理、注释、校勘、今译和标点断句等方面做了很多工作"。作为宋史专家,邓广铭对《东京梦华录注》自然会特别注意,对《古籍整理出版动态》上转载的那篇书评当然也不会错过,而批评起来也正如入矢义高那样并不客气(此文收入河北教育出版社 2003 年版《邓广铭全集》第十卷中,涉及《东京梦华录注》的内容已经删削殆尽)。面对入矢义高和邓广铭等人枹鼓相应的批评,理亏的邓之诚也只能忍气吞声,自认倒霉,在日记中发泄一通。

　　入矢义高胆敢撰文批评邓之诚这样的知名史家,自然是有备而来,绝不会率尔操觚。实际上,他从 1949 年开始就召集同好逐字逐句地研读《东京梦华录》,所指摘的讹脱疏漏无疑都经

过细致深入的考辨。历经数十年持之以恒的积累，入矢义高最
终联手另一位日本宋史专家梅原郁合作译注《東京夢華錄——
宋代の都市と生活》，此书最先由岩波书店于 1983 年出版，后转
由平凡社于 1996 年推出修订第二版，并在 1999 年出版了修订
第三版。比起邓之诚的《东京梦华录注》来，无论是史料征引，还
是文句考订，入矢义高和梅原郁的译注本都显得更为精审翔实。
一方面固然是他们多年以来孜孜不倦、精益求精的结果，另一方
面其实也充分借鉴了其他学者所做的考订辨析。尽管全书使用
日语撰著，却非常值得翻译成汉语以供参考。而在笺注卷五中
那段涉及宋代说话人家数的文字时，他们特别指出"尹常卖五代
史"一句，曾经被不少学者误读为"尹常が五代史ヲ売ル"，意即
"'尹常'售卖'五代史'"。两人随即参考戴望舒、叶德均两位的
考证，对"常卖"一语加以详尽确切的注释——在这场旷日持久
的学术论争中，这大概也算是中国学者又扳回了一局吧。

近代学界的"李清照改嫁"之争

　　尽管从少年时代起就享有诗名，成为世人瞩目的才女，可围绕着李清照的生平依然存有不少疑点。胡仔的《苕溪渔隐丛话》、王灼的《碧鸡漫志》、晁公武的《郡斋读书志》、洪适的《隶释》、赵彦卫的《云麓漫钞》、李心传的《建炎以来系年要录》、陈振孙的《直斋书录解题》等诸多宋代文献，不约而同都提到她晚年有过失节再嫁、涉讼离异的经历，就曾引发旷日持久的争议。秉持"辨章学术，考镜源流"的宗旨，对这段学术史的递嬗迁变加以总结和反省，毋庸置疑是极为必要的。美国斯坦福大学汉学讲座教授艾朗诺的新著《才女之累：李清照及其接受史》（夏丽丽、赵惠俊译，上海古籍出版社，2017 年）便针对这场聚讼纷纭的论争，用了整整三章的篇幅，系统梳理了南宋以来直至现当代的接受过程。不过在作者竭尽全力地整合资料、排比线索之际，也偶尔会因为见闻不周而顾此失彼，甚至得出不尽符合实情的结论。比如在第八章《维护寡妇形象，否认再嫁事件：明清时期的接受史》中，他逐一胪列各家辩诬之词，指出"在清代学者为其行为所做的辩护之下，李清照得以正名，重新成为一个备受尊重又从未再嫁的女性";随后在第九章《现代主义、修正主义、女性主义：现当代的接受史》中，又提到"1957年，黄盛璋出版了两种篇幅甚巨的论著，一种是李清照和赵明诚的年谱，一种是对'李清照生平事迹'的研究。这两种论著的出版，使得关于李清照的学术研究发生了剧变。综观黄氏的两种论著，其可以被视为对清代否认李清照再嫁思潮的首次严正质疑"，并进而强调"黄氏的工作引起了学术界对于李清照再嫁是否属实的论争，这个论争风靡于接下来的四十年，甚至直到今天还尚未完全消退"；在全书的《结语》部分则再次重申，"直至20世纪50年代后期，清末以来被改造的李清照形象才遭到质疑，这一质疑转而触发了广泛的学术争论"，俨然将黄盛璋视为不袭旧说而另树新义、再掀波澜的第一人。艾朗诺还特别提到由何广棪编纂的《李清照改嫁问题资料汇编》（九思文化事业有限公司，1990年。按：花木兰文化出版社于2009年又出版过此书的增订本，艾朗诺大概还未曾寓目），认为"全书共计三百多页，转载的资料来源自现代学术界（绝大多数出现于黄盛璋的文章之后），内容涉及正反两个方面。此书也可以算是关于此议题之文字的一种选本"，由此不难推知他立论的主要依据。充分借鉴前人成果，以避免徒耗精力，原本无可厚非，可研究者也必须时刻保持警惕，此类资料汇编在提供检索便利的同时，往往会因为关注焦点的限制或编者视野的偏狭，未必能够如实地呈现历史的全貌。

受到艾朗诺大力表彰的黄盛璋，毕生研究范围主要集中于历史地理和文物考古领域，但在宋代文史方面也颇有造诣，《李清照事迹考辨》（载《文学研究》1957年第三期）和《赵明诚、李清照夫妇年谱》（载 1959 年《山东省志资料》第三期。按：艾朗诺一时疏忽，误以为两者都发表于 1957 年）力主李氏晚年再嫁确有其事，正是他的代表之作。不过在此之前，他还发表过一篇《李清照金石录后序作年考辨——兼辨生年、嫁年、卒年》（载 1948 年《东方杂志》第四十四卷第十二号），尽管并没有直接涉及再嫁问题，可一开篇就感叹女词人身世坎坷，"遭中原丧乱，国破家亡，以孑然孤嫠，播徙流离，暮年遭遇，可哀也已。而宵小腾讥，横诬晚节"，并感慨幸有清人俞正燮为之撰著《易安居士事辑》，"排比事迹，依年考订，发潜阐幽，功至可纪，改嫁诬妄，已成不易之论"，对清人所作正名辩白之举显然相当认可。文中不少结论都被他后来撰写的那两篇论文承袭，并有进一步的阐发，自身反倒逐渐湮没不彰。中华书局上海编辑所在 1962 年整理出版《李清照集》，"除尽量搜罗李清照现存的诗、词、散文等作品外，还收集了许多有关李清照的历史以及前人对李清照及其作品的研究、评论、书录、序跋、题咏等参考资料"（《出版说明》）。黄盛璋的这些论文正是编辑者参考借鉴的主要对象，只是各篇所受到的待遇有着天壤之别。在书后附录的《参考资料》中，《赵明诚、李清照夫妇年谱》和《李清照事迹考辨》后来居上，不但被全文转载，且置于宋代以来各类资料之前，极为引人瞩目；而《李清照金石录后序作年考辨》一文，仅在"金石录后序作年问题"的小标题下被摘录了部分片段，上述那段称赞清人翻案的评论更是被删削殆尽。这样的处置方式，很容易导致读者忽视黄盛璋在"李清照再嫁"的问题上，前后持论并没有一以贯之。从尊重作者的角度而言，当然应该依从他经过深思熟虑、斟酌损益之后的最终看法;不过就学术史研究而言,深入考察研究者学术观念的转变过程,显而易见也是题中应有之义,绝不能等闲视之。

如果继续钩稽搜罗相关文献,还会发现近代学界围绕着"李清照再嫁"问题的纷争,并不始于艾朗诺所认为的 20 世纪 50 年代末,实际上从二三十年代起就已经逐渐呈现各树壁垒甚至针锋相对的局面了。在这场论争中,接纳清人意见的学者毫无疑问数量最多。胡云翼所编《李清照及其漱玉词》(亚细亚书局,1931 年)就特意指出:"有人说易安晚年改适张汝舟,夫妇不睦,易安有'猥以桑榆之晚境,配此驵侩之下材'之愤语。……但俞正燮在他著的《癸巳类稿》,则根据许多理由,证明了这种说话法是极谬妄的。"径直依据清人的考订来为李清照辩护。陈朝义的《李清照与朱淑真》(载 1935 年《女子月刊》第三卷第三期)更是斩钉截铁地声称:"清照向来勇于批评并杂讽讥,触怒的人必多,且男子脑中深埋着'女子无才便是德'的思想,对清照这样的女子,诬蔑,中伤,要加以摧残,自是意中的事。我们纵未得知有人替她辩护之前,也不会贸然相信,在理学盛行的宋代,而有快近五十岁的老妇人改嫁的事实。"认为再嫁说荒唐无稽,完全是恶意构陷,根本毋庸置辩。流风所及,连一些海外汉学家也关注到清人的意见。铃木虎雄在 1922 年发表《女词人李易安》(收入《支那文学研究》,弘文堂,1925 年),数年之后就有了陈彬龢的中译本(载 1927 年《妇女杂志》第十三卷第四号),文中提及:"如此笃于旧情之妇人,而竟谓其有改嫁之事,以常情度之,是不可信,今幸得诸家之考订,匪特女士千余年不白之冤得以昭雪,即后世钦慕女士之才华如不佞者,亦增无上快慰也。"对各家所作辨正析疑大为称赏，清人考订之缜密周详由此也可见一斑。

清代学者坚称再嫁、离异等均为妄诞不实的流言，其出发点正如艾朗诺所言，是为了"维护寡妇形象"，使李清照"重新成为一个备受尊重又从未再嫁的女性"，似乎这些事情一旦属实，势必有损女词人的清誉令名。尽管近代以来仍有部分学者持此论调，如德麟的《读李清照的漱玉词》（载 1936 年《蒲声》第二期）就反诘道："那有守到将就木之龄，在从前提倡节操的时代，又想到再醮的道理？况易安与德甫伉俪间的感情是很笃厚的，绝不忍出此。"然而随着两性地位和婚姻观念的不断变化，人们对寡妇再嫁的态度也渐渐有所改观。胡适编注的《词选》（商务印书馆，1927 年），在作者小传中虽然认为"李清照是中国最著名的女子，才气纵横，颇遭一般士人之忌，所以相传有她改嫁张汝舟之说"，并摘录俞正燮、李慈铭等人为其辩诬的主要论据，可与此同时又附上一笔："改嫁并非不道德的事；但她本不曾改嫁，而说她改嫁了，那却是小人的行为。"尽管未及引申展开，但若联系到他先前在《贞操问题》（载 1918 年《新青年》第五卷第一号）中所说的："妇人若是对他已死的丈夫真有割不断的情义，他自己不忍再嫁；或是已有了孩子，不肯再嫁；或是年纪已大，不能再嫁；或是家道殷实，不愁衣食，不必再嫁；——妇人处于这种境地，自然守节不嫁。还有一些妇人，对他丈夫，或有怨心，或无恩意，年纪又轻，不肯抛弃人生正当的家庭快乐；或是没有儿女，家又贫苦，不能度日；——妇人处于这种境遇没有守节的理由，为个人计，为社会计，为人道计，都该劝他改嫁。"可知他的兴趣专注在推求事实的真相原委，并不认为寡妇改嫁本身有何不妥，与前人的立场已经有所不同。

胡适的意见在当时颇具代表性,董启俊在《旷代女词人李清照》(载 1933 年《中国语文学丛刊》创刊号)中就撮述过他的意见,并作结论道:"本来这种事我们无浪费笔墨之必要,因为以新道德眼光观之,守节并非光荣,而改嫁也并非是件大逆不道的事;可是以无说有,那是不应该的。"与胡适所言简直如出一辙。就胡适在当时的地位和声望而言,其影响所及自然绝不会仅限于文学研究一隅。陈东原在撰写《中国妇女生活史》(商务印书馆,1928 年)时专门设立了一节《旷世女文人李清照》,议及再嫁问题时,最后的结论也几乎是在转述胡适的看法:"改嫁原不是丑事,然而她没有改嫁,诬之为改嫁,岂非大不平么?"陈氏在《自序》中坦言搜集资料时曾得到胡适的鼓励和指导,对《词选》中的评述想必不会置之不顾。在撰著时他还抱有两点希望:"第一个希望,希望趋向新生活的妇女,得着她的勇进方针。第二个希望,希望社会上守旧的男男女女——自信旧道德极深的人们,能明白所谓旧道德是怎样的一种假面啊。"可见他对李清照再嫁的态度也同样与清人貌同心异,而和"五四"以来所倡导的全新的女性观、婚姻观密不可分。黄盛璋后来在《李清照事迹考辨》中提到"改嫁不改嫁本不关紧要,但这里牵涉到史料的真伪与事实的是非两个问题",沿波讨源一番,其研究旨趣实际上就肇端于胡适等人的意见。

伴随着两性地位和婚姻观念的潜移默运,学者们对李清照再嫁的态度也逐渐显得游移不定。王献唐、王献九、齐蕴璞等人在 1935 年经过反复商讨,最终选定三十位山东籍"有功于民族国家者",并着手"编列其平生事略,立为乡贤,以作矜式"。李清照作为唯一的女性也赫然在列,在介绍其生平时说道:"《苕溪渔隐丛话》称其再适张汝舟,《云麓漫钞》又载与后夫构讼事,确否无可考。"(1935年《新闻通讯》第27期《有功国家民族之历代乡贤》)对此事的真伪不置可否,显然并没有觉得这样会有损乡贤的形象。龙榆生的《漱玉词叙论》(载1936年《词学季刊》第三卷第一号)虽认为"改嫁之说,殆为'莫须有'矣",但同时指出即使宋人所言不虚,也不能归咎于李清照:"则是汝舟蹈隙乘危,饵以甘言,欺人寡妇,震其才名之显赫,因遂强迫以同居,借令事实有之,吾辈当矜愍之不暇,宁忍责以失节乎?"颇能体谅她晚年的窘迫处境,措辞大有回旋的余地,并不像前人那样求全责备。鸥盦的《谈李清照的再嫁问题》(载1944年《文友》第二卷第十期)尽管也认可清人的意见,可随即又强调:"在已经打破贞操观念的我们看来,寡妇再嫁原是极合情理的事,就使再嫁之后,又闹离婚,也是司空见惯,绝不会因此而使她的人格和名誉受到损失。"较诸清人竭尽全力维护李清照守寡形象的做法,其立场显然颇存异趣。

直接和清人翻案意见截然对立的也不乏其人,甚至还出现了王辉曾《李清照改嫁考》(中华印书局,1932年)这样的专著。王氏认为"假如我们用冷静的态度,站在文学的立场上,不必感情用事,细心的研究一番,然后知道李清照的改嫁,实在没有辨证的必要",直斥前人辩诬之举徒劳无益。为了证明自己的观点,他仔细爬梳检讨了宋人的记载和清人的考辨,最终判定:"清人辩护李清照改嫁的主旨和动机不外乎上边所说的以清朝的伦理观去绳宋朝的女子,他们方法又不合乎逻辑,我们觉得总不如宋朝人记宋朝的事比较可信些。何况胡仔、赵彦卫、李心传诸人和李清照的年代相差无多呢?所以说李清照改嫁没有辨证的必要。我们不一定说她非改嫁张汝舟不可,但是最低的限度,我们相信改嫁是宋人的记载,总比清人以感情用事的辨证可靠。"虽然在史料征引和文献考订等方面,王书多有疏漏而未臻严密,但也足以说明黄盛璋的论著绝不是"对清代否认李清照再嫁思潮的首次严正质疑"。王辉曾在自序中特别致谢道:"蒙赵万里先生借给我圣译楼本的《梅苑》和其他善本书籍,又蒙许之衡先生为我题字及订正了许多错误。"赵万里此时刚刚完成《校辑宋金元人词》(中研院历史语言研究所,1931 年),胡适在序言中曾盛赞"这部书的长处,不仅在材料之多,而在方法和体例的谨严细密"。书中也收录了重新辑录校订的《漱玉词》,赵万里对此相当满意,自诩道"自此本出,汪(玢)、王(鹏运)诸本皆可废矣"(《词概》,载《赵万里文集》第二卷,国家图书馆出版社,2012 年)。他对李清照的生平和创作绝不会陌生,在为王辉曾提供文献资料时,对其主旨显然不会漠然置之,或许还会辅以相关线索。许之衡同样擅长词曲声律,撰有《曲律易知》(饮流斋著丛书本,1922年)、《中国音乐小史》(商务印书馆,1931 年)等。他能针对书中内容献疑商讨,并为之题写书名,对王辉曾的观点想必也多有认同。

王辉曾对清人的批评如此尖锐犀利,不久就引发了反对者的声音。朱芳春在张真园、黎锦熙、吴新斋等人的指导下撰写《李清照研究》(连载于 1935 至 1936 年《师大月刊》第十七、二十

二、二十六、三十期），其中有一节《关于李清照改嫁》，斥责宋人所说"都是些卑陋的，道听途说，没有证据胡乱抄袭轻于记载的东西"，而盛赞清人的考辨"一步深一步有条有理的将宋人的误谬都给解释了，改正了"。最后则很不屑地提到王辉曾的《李清照改嫁考》，认为其中所述"实在无有反驳的必要，大家读了他那本书，就知道完全是根据臆想和好奇心理的冲动而发，除了将宋人的谬论重复一下外，没有找到更多的论证"。尽管她本人也同样"没有找到更多的论证"来进行有针对性的批驳，但由此也可见王辉曾的著作在当时并非无人知晓。只是由于时代邈远，才导致后来的学者囿于见闻而未能予以应有的关注，其中就包括艾朗诺所倚重的《李清照改嫁问题资料汇编》，甚至在该书的增订版（花木兰文化出版社，2009 年）中也依然付之阙如。

以上追溯了近代学界围绕着"李清照改嫁"问题而发生的一系列争论，可见艾朗诺所述"民国对于李清照的叙述还有另一个明显的特点，即不会提到她的再嫁。就算是提到了，也会被否认为是恶意的诽谤"（《才女之累》第九章），完全是以偏概全的判断，并不符合实情。不过在还原这场错综纷纭、众声喧哗的论争时，我们也需要时刻保持清醒，探究此事的真伪虽然关系到对李清照晚年心境的体察，也牵涉到对《投翰林学士綦密礼启》《金石录后序》等作品局部内容的理解，但终究不能喧宾夺主地取代对李清照其他作品的研读。这一点其实近代学者也多有议及，傅东华所撰《李清照》（商务印书馆，1934 年）开宗明义就讨论起"我们对她应处的态度"，认为"人既因词而传，我们若离其词而专论其人，那就没有意义，或因其人的品评而牵涉其词的褒贬，那就更不合理",指出清人的考订"只是替她的人辩护,不是替她的词辩护。故我们对于他们这种搜讨的工作,诚然不能不表相当的尊敬,但不能认这样的工作为切要的工作——质言之,就是不能认他们为批评家"。类似的看法还见于刘雁声的《女词人李清照》(载 1945 年北京《妇女杂志》第六卷第三、四月号),强调在研究中不能舍本逐末,"在崇敬她的诗词方面来看,改嫁与否,又有什么关系,大概或者不是研究李清照所必须的吧? 至于改嫁何人,那更不必去注意了","清人之辩诬,未免有些失去研究或者述说李清照文学正面吧?"这些意见的提出虽然迄今已有大半个世纪,但对现在的研究者而言,恐怕依然需要深长思之。

时思误书

经过亲身实践，并借鉴前人经验，陈垣在《校勘学释例》（中华书局，1959年）中总结出对校、本校、他校等通例，并被很多人奉为圭臬。不过在整理古籍时，仅仅借助这些方法来比勘异同尚属易事，要再进一步判定是非则谈何容易。姑且不论经史诸子类文献，即便是小说、戏曲等俗文学作品，有时虽仅一字之别，也需要反复斟酌，再三推敲，甚至旷日持久，左右为难。就拿元杂剧中最负盛名的王实甫《西厢记》来说，明清两代先后出现过几十种刊本、钞本，存在不少文字歧异，有些地方便难以遽下断语。例如第一本最后"题目正名"的首句"老夫人闲（閑）春院"，别本或作"老夫人闭（閉）春院"，或作"老夫人开（開）春院"。三种异文的背后，都有一批来头不小的版本作为奥援，不是善本佳椠，就是名家评注，以致彼此争胜，互不相下。清初毛奇龄在《毛西河论定西厢记》中就力主"闭"字为是，并批评说："'闭'即'门掩重关'之意，虽出游犹闭也。俗子倡为不游寺之说，必谓院开而莺见，遂易'闭'为'开'。"不难想见，如此聚讼纷纭的局面，势必令不少学者在取舍之际颇费踟蹰。

　　早年受业于词曲大师吴梅的王季思，尝试以经史考证之法来研究《西厢记》。他校注的《西厢五剧注》在 1944 年由浙江龙吟书屋出版，《自序》中提到："明清以来，评注《西厢》五剧，举其著者，有徐文长、徐士范、王伯良、凌濛初、闵遇五、金圣叹、毛西河诸家；而以圣叹外书流传为最广。"可在他看来，前人评注往往失于穿凿附会，并不能使人餍足。他由此发愿重作董理，在文本校订方面，"原文迻录暖红室刻本，别据王伯良注本、《六十种传奇》本，及《雍熙乐府》所录曲文为补正"。第一本"题目正名"中的那一句，被他校定为"老夫人闲春院"。然而撰著期间战事正酣，他在颠沛流离中"箧书尽丧"，"无可取证"，取以校勘的版本并不多。时隔四年，上海开明书店又出版了他的《集评校注西厢记》，在参校本中新增毛奇龄评本，注释部分也多有损益；此后他毫不懈怠，精益求精，相继在新文艺出版社（1954 年）、古典文学出版社（1957 年）、中华书局上海编辑所（1958 年）、上海古籍出版社（1978 年）出版过《西厢记》校注本，每一版甚至每一次重印都会有程度不同的增删补苴，而参考过的版本也陆续增加了新发现的弘治本、张深之本、刘龙田本数种。不过最初勘定的"老夫人闲春院"并无变化，只是没有任何校勘说明，无从知晓其择取标准。兴许是认为"闲"字明显优长而毋庸饶舌，或是觉得此类琐屑饾饤对读者而言并无裨益吧。

　　人民文学出版社则在 1954 年出版了吴晓铃校注的《西厢记》。吴氏早年毕业于北京大学中文系，受胡适、郑振铎等人影响，在俗文学方面多有建树。据他在《前言》中所述，"《西厢记》杂剧的版本流传得非常多，在今天我们还能够见得到的就在四十种以上","这个本子大体上是拿凌初成和王伯良的本子做底本,再用其他的九种本子对校,遇到文字上的歧异就参考北京岳氏本和《雍熙乐府》来抉择",对底本及参校本做过精心的挑选。尽管注释的细致缜密不及王氏校注本,但简洁明了,要言不烦,倒是非常符合他"想初步地搞出一个比较接近于旧本(不是原本)而又适合于一般阅读欣赏的本子"的初衷。大概是为了避免"烦琐考证"之讥,吴氏也没有罗列各本异同,写成详细的校勘记。他将此句校定为"老夫人閒春院"——"閒""閑(闲)"相通,当是付梓时误植所致——可见利用的版本虽与王季思不尽相同,最后的结论却是不谋而合。

经过王、吴这两位专家的精审校订,这一处异文看似可以暂时搁置争议了。然而北京中国书店在 1978 年整理库藏时,无意间从一部元刻《文献通考》的书皮背面发现了四片《新编校正西厢记》残叶,又使得此事波澜再起。肆力于考索《西厢记》版本源流的蒋星煜率先撰写《新发现的最早的〈西厢记〉残叶》(载《群众论丛》1980 年第 1 期,收入《〈西厢记〉的文献学研究》,上海古籍出版社,1997 年),在详细介绍这些残叶的基本情况后,着重讨论保存于其中的第一本"题目正名"。他分析了已知的三种异文,认为都能自圆其说,"问题在'闭''闲''开'字形相近,不知最初为何字,也可能后来翻刻、演唱时又传讹的";不过新发现的残叶既然作"闭",且"刻书时代较所有现存明刊本为早",因此"最早的本子用'老夫人闭春院'的可能性较大"。

紧随其后,吴晓铃发表《"春院欣闻闭不闲"》(载 1983 年 9月 27 日《光明日报》,收入《吴晓铃集》第五卷,河北教育出版社,

2006年），虽然强调"我们不能单纯依靠刊刻年代早或震于名家校注，来决定去取，而是要从作家构思和作品内容多下功夫推敲"，但依然主张"时期最早的《西厢记》残叶可为主证"，再辅以其他佐证，就可以断定"'闭'字无疑当属王德信原词"。据吴氏所述，他曾受邀对残叶的刊刻年代进行过鉴别，是除发现者以外"第一个看到原件的'槛外人'"，可所作口头鉴定"只是供给书友们参酌，没有写成文字"。作为《西厢记》的校订者，他居然没有立即撰文予以研讨，表现颇为反常。是否意味着他对"闲""闭"两字究竟该如何抉择，一开始仍存有疑虑而举棋不定呢？

与此同时，王季思在旧著《集评校注西厢记》的基础上，吸取多年来的考订成果，进一步勘正文字，增补注释，又另外约请张人和搜集评论资料，最终编纂为新版《集评校注西厢记》（上海古籍出版社，1987年）。书中同样根据新发现来推翻旧判断，将自己此前沿袭了数十年的"闲春院"改作"闭春院"，并有注释云："闭字原本作闲，此据北京中国书店藏元末明初刻本残页改。"究其原委，应该也是由于这批残叶的刊刻时间在先。王氏后来主编《全元戏曲》（人民文学出版社，1990年），其中的《西厢记》即据新版《集评校注西厢记》迻录，仅"删去集评和注释的内容，保留校记"，显然已经视其为最终定本了。

兴许是受到蒋、吴、王等人的影响，此后问世的《西厢记》整理本（如人民文学出版社1994年出版的张燕瑾校注本）或研究论著（如东北师范大学出版社1995年出版的张人和《〈西厢记〉论证》）也都将此句校定为"老夫人闭春院"，俨然已成定谳。不过仔细深究一番，其中或许还有讨论的余地。且不说比起单纯表现动作的"闭"和"开"来,"闲"字更为尖新别致,显得言有尽而意无穷;即便以最纠缠不清的"闲"和"闭"相较,前者因漫漶阙笔而讹作后者,比起后者因增添笔画而误为前者,其概率恐怕也要大许多。重视刊刻时间在前的旧本,固然是古籍校勘的重要准则,不过正如吴晓铃所言,残叶"原题'新编校正',可见还有旧本",倘若日后发现刊刻时间更早且作"闲春院"或"开春院"的版本,那又该如何处置呢?整理古籍原本是件挺单调乏味的事情,可正像古人所说的那样,"时思误书,亦是一适",偶尔胡思乱想,倒也蛮有意思。

误读中的隐秘

夏志清在《追念钱锺书先生——兼谈中国古典文学研究之新趋向》(收入《人的文学》,台北纯文学出版社,1977年)中引述了宋淇的一封来信,感叹"陈寅恪、钱锺书、吴兴华代表三代兼通中西的大儒,先后逝世,从此后继无人",大有黄钟毁弃、广陵散绝的怅惘。对大部分人而言,吴兴华显然是个陌生的名字,尤其是和声名显赫的陈、钱相提并论,更让人觉得有些突兀。作为和吴相识多年的挚友,宋淇对他如此推扬难免受到私人交谊的影响,可在夏志清面前,想来总不会河汉无极以致贻笑大方吧。新近出版的五卷本《吴兴华全集》(广西师范大学出版社,2017年)尽管在辑佚、校订、编次等方面尚有可议,却已经充分展现了这位英年早逝的学者在诸多领域所取得的不俗成绩。尤为引人瞩目的是第三卷《风吹在水上:致宋淇书信集》,收录了此前从未披露过的六十余封信札,颇有些"不足为外人道"的议论,可以和他多彩斑斓的创作、研究及翻译活动互相印证。

在1951年10月11日的信中,吴兴华得意地说起最近"又写成了一篇考证文字,是关于清初一个文人陈维崧的,费了我约一年搜集材料,自己想起来,也甚好笑,以后这种傻事不打算干了"。在《全集》中并未见到这篇文章,不知具体内容如何,不过在他身后发表的《读〈国朝常州骈体文录〉》(载《文学遗产》1998年第4期,收入《吴兴华全集》第二卷《沙的建筑者:文集》)或许与此不无关联。《国朝常州骈体文录》是晚清学者屠寄为表彰乡贤而编纂的一部骈文总集,共选录四十三家而以陈维崧居首。吴兴华的读后感就是从讨论陈氏《与芝麓先生书》的用典开始的,其后还有一大段特意提到:"在陈维崧的《湖海楼俪体文集》里,纪念明末爱国志士和坚贞不屈的遗民的文字占有相当大的比重,有些材料甚至是其他书中很难找到,或者经常受人忽视的。"随即从中钩沉索隐,补正了不少在沈德潜《国朝诗别裁集》、王融《青浦诗传》、陈田《明诗纪事》、姜兆翀《国朝松江诗钞》等诸多文献中语焉不详的内容,恰能和信中所说的"考证文字"相对应。时隔不到一个月,他在11月3日再次去信谈及现状:"近来偶尔还作些笔耕的工作,代人捉刀翻译。汪中《吊马守真文》所谓'如黄祖之腹中,在本初之弦上'似代我今日发言。费掉许多精力,千秋万岁,谁能知道?"抑郁不平之气跃然纸上。而《吊马守真文》中的那两句,同样是《读〈国朝常州骈体文录〉》着重研讨的对象。这或许也能作为旁证,说明这篇读后感和他先前提及的"考证文字"关系极为密切。当然,正式发表的论文已是洋洋洒洒数万言的鸿篇巨制,逐一阐发声律、对仗、典故、辞藻等骈文的体制特点,远远超出"考证"的范围,想必又经过不少润饰增补。

　　汪中使事精切而善于驱遣,近人对此多有评骘,李详的《汪容甫先生赞》(《学制斋骈文》卷一,收入《李审言文集》,江苏古籍出版社,1989 年)就称其"旨高喻深,貌闲心戚。状难写之情,含不尽之意"。然而要逐一爬梳其所用典故的渊源所自,即便是术业有专攻的专家学者也很难措手。李详因为"笃好其文"而发愿笺注其集,"然每篇仅得十之五六耳"(《汪容甫文笺》,收入《李审言文集》),积多年之功,最终只完成了四篇。古直所撰《汪容甫文笺》(中华书局,1924 年)承续其事,也仅选录十五篇予以校注。所幸《吊马守真文》正在其列,可以和吴兴华在《读〈国朝常州骈体文录〉》中所做的分析参照比较。而耐人寻味的是,汪中虽以骈文著称,却并非常州籍作家,和《国朝常州骈体文录》也没有丝毫关联。吴氏援引其文只是为了证明典故运用得恰当,可以"供给能掌握的读者以额外的快感,使他们能更深刻地透入一层"。在行文之际如此旁逸斜出,不经意间恰恰透露出平日兴趣所在,不妨借此窥探他鲜活复杂的内心世界。

针对"如黄祖之腹中"句,古直引《后汉书·祢衡传》:"处士,此正得祖意,如祖腹中之所欲言。"虽然准确无误,可难免让不熟悉此事原委的读者莫名究竟。吴兴华尽管也引录了《祢衡传》,却兼及此事本末:"衡为(黄祖)作书记,轻重疏密各得体宜,祖持其手曰:'处士,此正得祖意,如祖腹中所欲言也!'"相形之下,无疑更能引导读者联想起汪中的游幕生涯,加深对文意的领会。针对"在本初之弦上"句,古直引《文选》李善注:"《魏志》:曹公曰:'恶恶止其身,何乃上及父祖?'琳曰:'矢在弦上,不可不发。'"依然没能彻底消除读者的疑惑。古氏另有按语称:"今《魏志·陈琳传》及《世说·文学篇》所引《魏略》,均无此语。章怀太子《后汉书》注云：流俗本有之。"对李善注是否可靠看来还略有质疑。吴兴华则转录《太平御览》卷五百九十七所引《魏书》："太祖平邺，谓陈琳曰：'卿昔为本初（袁绍）作檄书，但罪孤而已，何乃上及父祖乎？'琳谢曰：'矢在弦上，不得不发。'太祖爱其才，不咎。"使原文中的"本初"得以落实，对读者疏通文辞大有裨益。《太平御览》虽成书于北宋，但其部类和内容大多因袭北齐的《修文殿御览》和唐代的《艺文类聚》《文思博要》，这些类书的编纂都在李善注《文选》之前，以此为据也未尝不可。古直的笺注本久负盛名，但就翔实地诠解这两句中的典故而言，吴兴华显然不遑多让，甚至堪称后来居上。

不过，典故溯源无论如何精确，终究难免"释事忘义"之讥，《汪容甫文笺》就每每令读者感到于心未惬。而吴兴华在疏释典故之余，还做了一番淋漓尽致的剖析："寥寥几个字表达了极复杂的感情。若是我们不怕煞风景，把原来是浑然一气的文字加以分解，可以看出这里面至少含有以下几个成分：对自己文笔能够'如人意所欲言'的骄傲；对自己得不到赏音，不能从事更有价值的著作的愤慨；对那些不学无术、暴戾成性的官僚们的厌恶；对由于代人立言而蒙受嫌嫉的悲叹。所有这些都蕴蓄在极其详雅有节制的词句里，因此更能震荡读者的心灵。"所揭橥的文章意蕴大多言之有据，颇能体察作者百味杂陈、欲说还休的心态。这固然是因为吴氏善于涵泳文意，可如此不厌其烦，恐怕更有几分借他人之酒杯浇胸中之块垒的意思隐匿其中。

在他写给宋淇的书信中，不难发现可资参证的内容。比如他曾自诩"我可以不带骄傲地说我是新诗人中极少真能窥旧诗之奥的人",并屡屡批评林庚的新诗"句拼字凑,神孤离而气不完","处理题目的手法还在原始阶段中。只写眼前所见,心中浮薄之感"(1943 年 2 月 20 日);"只是在自己面前竖起一个非常 arbitrary,artificial 与旧诗无内在联系的形式,然后往里装一点他自己轻飘飘,学魏晋六朝也没到家的情感,所以他的诗永远是很清楚的两半,要合合不起来,分开哪一个也不入眼,和我的诗完全谈不到一块。此外我从古、律中提炼出来的诗也是戛戛独造的,绝不依傍任何人"(1944 年 4 月 12 日)。要知道林庚此前已经出版过《夜》(开明书店,1933 年)、《春野与窗》(开明书店,1934 年)、《北平情歌》(风雨诗社,1936 年)、《冬眠曲及其他》(风雨诗社,1936 年)等多部诗集,连眼界极高的废名也情不自禁地赞叹:"在新诗当中,林庚的分量或者比任何人要重些,因为他完全与西洋文学不相干,而在新诗里很自然的,同时也是突然的,来一份晚唐的美丽了。"(《林庚同朱英诞的新诗》,收入废名《谈新诗》,人民文学出版社,1984 年)而吴兴华只在报刊上零星发表过若干诗作,终其一生也没有正式结集。不过仅凭这些就足够惊才绝艳了,以至夏志清的《中国现代小说史》(香港中文大学出版社,2001 年)也忍不住宕开一笔,"提一提诗人吴兴华",强调"他尝试创造一种有中国古诗词特点而又融会西方诗重要成就的韵律和语法,效果很理想。如果在 1949 年后他能有机会继续在这方面努力下去的话,他可能已成为一个大诗人"(见该书第十三章《抗战期间及胜利后的中国文学》)。可知吴氏如此尖酸刻薄,绝非狂妄自大,不知深浅,而是凭借个人的创作体验,设置了更高的标准来加以衡量。

即使时移世易，今非昔比，吴兴华也依然故我，锋芒毕露。在给宋淇的信中他还说起，"若你有机会翻翻现有的翻译，即最有名的，其中谬误可笑之处亦难免。我想我们大概看看，动手就译，不见得不如卞之琳等人"（1951 年 6 月 13 日）；"看到一本众口交赞的朱生豪译的莎翁戏曲，朱氏为一年青学生，有此毅力，自可佩服，后来死了没有译完。序中旁人把他捧得'一佛出世'，甚为可笑。我想若给我们工夫，译得比他一定要好，至少文字要通得多"（1951 年 8 月 4 日），恣意臧否而毫无掩饰，充满舍我其谁的豪气。他后来参与校订朱生豪所译《莎士比亚戏剧集》，但又另起炉灶独自翻译《亨利四世》，强调"诗和散文的配合与交替是伊利沙白戏剧的突出特色。译文在形式方面尽量遵照原文。诗用相当于原来格律的五步无韵诗体，散文用现代口语"（《亨利四世·关于版本、译文和注释的说明》，人民文学出版社，1957年，又收入《吴兴华全集》第五卷），一改朱译本通篇使用散文的弊病。他的努力尝试也得到同行的充分肯定，被誉为"解放以来最优秀的莎剧译本之一"（方平主编《莎士比亚全集·后记》，上海译文出版社，2014 年）。足见他不仅严于律人，更能严于律己，并没有厚此薄彼之分。正因如此，他对汪中的骄傲、愤慨乃至悲叹也就感同身受，阐发文意时自然更能切中肯綮。

　　然而仔细推敲吴兴华的那番分析，认为其中还包含着"对那些不学无术、暴戾成性的官僚们的厌恶"，恐怕就有点过度阐释了。在《吊马守真文》之前，汪中另撰有《吊黄祖文》（收入《述学补遗》），述及后人往往同情祢衡因触怒黄祖而被杀，但黄祖能赏识其文章，实为祢衡之知音，"虽枉天年，竟获知己。嗟乎祢生，可以不恨"。他甚至还替黄祖鸣冤叫屈，认为"千载之下，独受恶名，斯事之不平者也"。尽管是为了写翻案文章而故作惊人之语，但其中也寄寓了汪中的切身体验。凌廷堪在《汪容甫墓志铭》(收入《校礼堂文集》卷三十五)中提到他"为文以吊黄祖"，"盖君以衡自况，而伤举世之莫我知"，就强调其意在感慨知音难觅。江藩在《汪中传》(收入《汉学师承记》卷七)中同样指出他"叹世人之不知，悼赋命之不偶，著《吊黄祖文》《狐父之盗颂》以写怀自伤，而俗子以为讥刺当世矣"，对流俗之见并不以为然。凌、江两位和汪中交谊深厚，知言之论不容轻忽。

据其哲嗣汪喜孙所撰《容甫先生年谱》，汪中在乾隆四十二年(1777)秋曾有很短一段时间"就总督某公、巡抚某公"，随后数年则频繁往来于江宁、淮安、扬州、芜湖等地，直至乾隆五十四年(1789)才被湖广总督毕沅招致幕中。《吊马守真文》撰于乾隆四十八年(1783)，恰值他四处漫游、衣食无着之际。文中抒写凭吊晚明名妓马守真时的低徊怅然，既赞叹其色艺风情，以为"天生此才，在于女子"，又痛惜其红颜薄命，"奈何钟美如斯，而摧辱之至于斯极"，由此同病相怜，"静言身世，与斯人其何异"。"如黄祖之腹中，在本初之弦上"正是感慨自己转徙各家幕府，代人操翰命笔，却无人赏识提携的遭遇，所要表达的内容与《吊黄祖文》并无二致。毕沅本为饱学之士，兼能爱才礼贤，听闻汪氏如此窘迫，曾致书两淮盐政，嘱其多予照拂。汪中在《与巡抚毕侍郎书》(载《述学别录》)中对此感激涕零："窃以为阁下之德量，古人未之有也。何者？古之人虽好士，必见其人而后好之，而阁下乃施之于其所不相识之人。推是心也，天下之士，其有一人不被公之泽者哉?"汪喜孙在《年谱》中还提到,《吊马守真文》"写定于临终之年",可见初稿完成后又不断进行修订。汪中在毕沅幕中虽因心高气傲而与另一位幕友章学诚"议论不合,几至挥刃"(洪亮吉《卷施阁诗集》卷十五《岁暮怀人诗》),但宾主之间还是极为融洽的。即便后来离开毕府,也得到毕沅等人的大力举荐,赴杭州检校《四库全书》。他确实替不少幕主尤其是毕沅代笔撰作文章,但这原本就是幕宾应尽的职责,有时甚至还出于感恩回报之心,根本谈不上是"对那些不学无术、暴戾成性的官僚们的厌恶"。吴兴华曾对宋淇夸耀说:"我最近中国书大都念的是明清时代的史籍、诗文集。特别是明末清初的人物和文学,钻研得相当透彻,环顾四周,也可以说'不如我者多,似我者少'了。"(1951 年 9 月 18 日)对上述情况自然不会陌生,而之所以仍有这番误读,恐怕是有意借此宣泄心中的愤懑,正如他所说的那样,汪中所述"似代我今日发言"。

　　心高气傲的吴兴华对时代风气的骤变很难适应,在书信中常有流露,特别是提到"现在大趋势是走向实用科目,抛弃文法及理论东西"(1949 年 3 月 23 日),更是牢骚满腹。精通英、法、德、意、希腊、拉丁等多种文字的他原本立志研究欧洲文学,可现实处境却是"各大学都在走翻译等路线,对文学大家讳莫如深。解放到现在,没有人敢对欧洲文学作一篇———一篇——系统的估价介绍。前些日子开会遇到卞之琳,每讨论译一本书就要问马克思是否提到过它,有保障没有?令人哭笑不得。听周煦良说他给北大外语系研究生出题:其一为以马列观点,回溯英国诗歌的历史。考生皆为之搁笔。不知他自己对这题怎么样答法?"(1951 年 9 月 18 日)而在讲课时更是举步维艰,"现在校中文学课大部分已处于静止状态,因学生方面要求新材料、新教授法,而教师们都很无把握。自己念的书也全不知道'有用'没有?目前大家全往'语言''作文''翻译'里逃遁。朱光潜等人也非例外"(1951 年 12 月 18 日),对荒唐刻板的现状显然愤愤不平。然而生活的困顿又迫使他不得不克制隐忍,比如聊到平时"偶尔也写些小考据发表,旧诗骈文更是摇笔即来(我的四六,此地已略有小名),你知道这一切我不过是拿来消磨志气的,所以对你说不怕你笑"(1951 年 2 月 20 日),在调侃自嘲中分明夹杂着些许无奈。有时更要委屈自己大材小用,"近来因稻粱之谋,为萧乾一篇小说作翻译,在《人民中国》上登载。一共约有五万字,分七期登完"(1951 年 6 月 13 日);"近来我们也许要看些译本(官方的名目是'审查'),文字通顺的十无三四,更不用谈忠实准确了"(1951 年 7 月 6 日);"萧乾的小说已译完了,现在正在考虑译萧三的。这些对我说都是机械无味的工作,但为了生活,也只有认命,疲精神于无用之地"(1951 年 8 月 4 日);"替人家译了一小本书,《毛主席的青少年时代》,收入并不多,但暂可解决冬煤问题"(1951 年 10 月 11 日),言辞中更是充满了辛酸。这些并不属于自己分内而"代人捉刀"的琐事,有不少必定是组织上交代下来的任务,根本无法推脱。他甚至误信传言,以为"钱锺书现在全部时间几乎沉浸在《毛主席选集》里,所以很难见到他,但听说此事他是主动者之一,甚可喜庆也"(1951 年 5 月 13 日),对自己向来钦佩仰慕的钱锺书也颇为鄙夷不屑,对类似的事情产生强烈抵触自然更是情有可原。

不断努力去适应周遭环境的吴兴华在 1952 年 7 月 19 日又提起笔,对数年来的思想做了一番深刻检讨:"像许多人一样,我已经放弃并且批判了自己过去许多的错误思想,包括对共产党的幼稚而错误的认识,以为他们没有文化,不给人自由等等。"反省的态度无疑是真挚而诚恳的。不过据此再仔细玩味他对《吊马守真文》的误读,其中隐秘也就不难推想了。这是吴兴华写给宋淇的最后一封信,自此两人天各一方,音书断绝。五年后,他因为妄议苏联专家而被划为右派分子,失去了授课和写作的权利。又过了九年,他在烈日下劳动改造,因体力不支而被强灌污水,并横遭一众暴徒的拳脚棍棒,最终倒地不起,尸骨无存。这一年,他四十五岁。

【附记】

本文发表后,承刘寂潮先生指正行文中的疏漏,谨致谢忱。

文学史中的学术史

　　1928年，时任金陵大学、东南大学教授的胡小石根据学生的课堂笔录，整理成《中国文学史讲稿上编》，交由上海人文出版社印行。这部早期的文学史著作在当时颇有影响，甚至被拿来和胡适的《白话文学史》相提并论，但并没有后者来得幸运，至今仍能受到关注，不断付梓重印。20世纪80年代中期，《讲稿》又经作者门人修订增补，收入《胡小石论文集续编》（上海古籍出版社，1991年）中，可惜印数寥寥，并没有得到应有的重视。倘用现在的学术水准来衡量，书中疏略之处自是难免。不过仔细翻读一番，还是能从字里行间寻觅到不少有意思的话题。

影响的焦虑

　　国人着手撰写中国文学史著作是受到海外汉学家的启发与影响，这已经是众所周知的事实了。面对这样一种现状，继起的文学史家在内心深处自然充满了"影响的焦虑"。《讲稿》第一章《通论》开篇即提到："每代都有新文体产生，但是将历代文学的源流变迁，明白地公正地叙述出来，而能具有文学史价值一类的书，中国人自己所出的，反在日本人及西洋人之后。这是多么令人惭愧的事。"可知撰述的动力很大一部分源于日本和西方学界的刺激。年轻时即通晓日语的胡小石对日本学界尤为熟悉，以本书而论，不仅在理论方面有所借鉴（如第一章《通论》对于"文学"的定义，参考了厨川白村的《苦闷的象征》），对于域外新出资料也很敏感（如第十二章《宋代文学》考察白话小说渊源时，提及由狩野直喜考订的敦煌文献《唐太宗入冥记》）；但更多的却是对日本学者的批评，最典型的例子就是屡屡批评在日本汉学界及中国学界都具有深远影响，号称"中国文学研究第一人"的铃木虎雄。可见他一方面借鉴倚重日本学者的研究，另一方面又颇不服气，意欲争胜。

在这种心态的影响下，有时不免思虑未周。例如《讲稿》第三章《周代文学》说："论南北文学不同的，以刘师培的说法为较详尽。日本人谈中国文学的，每喜加以引用。"所谓"刘师培的说法"指的是1905年发表在《国粹学报》上的《南北学派不同论》，全文从"诸子学""经学""理学""考证学"及"文学"等方面纵论学术嬗变与地缘区域的关联，允称详赡。胡小石与黄侃在东南大学、中央大学共事多年，往来甚密，对于后者曾执贽行弟子礼的刘师培自然不会陌生。至于又说到"日本人谈中国文学的，每喜加以引用"，认为刘氏之说影响波及日本学界，则语焉不详，未知所指。而在第十章《唐代文学》有一处内容却与此处所言自相抵牾。作者提及有学者从南北地域差异的角度来比较李白与杜甫时说："这种议论，尤以日本人之研究中国文学者为尤甚，如笹川种郎之《支那文学史》便主此说，近来颇影响到中国做文学史的人。"言外之意,似乎中国学界讨论南北文化差异乃是受日本学者的影响。按笹川种郎《支那文学史》于 1898 年完成问世,至1903 年就有了上海中西书局刊行的中译本,从时间上看确实都要早于刘师培。而且此书在中国学界也的确激起过不小的波澜,林传甲的《中国文学史》(武林谋新室,1910 年)——一度被认为是首部由国人撰著的中国文学史著述——就坦白承认"传甲斯编,将仿日本笹川种郎《中国文学史》之意以成书焉"。

显而易见,认为日本学者在这个问题上受到刘师培的影响是说不过去的。不过,反过来认为中国学者受到日本学者的启发,恐怕也未必尽然。原因很简单,类似的议论古已有之,尽管不像近人那样论述详备。例如唐人所撰《北史·文苑传》云:"江左宫商发越,贵于清绮;河朔词旨贞刚,重乎气质。气质则理胜其词,清绮则文过其意。理深者便于时用,文华者宜于咏歌。"作者也曾引述过这段内容,并认为"从中可以略知南北风尚之不同"(见第八章《北朝文学》),说明对此并不陌生。因此,不论刘师培,还是笹川种郎,其研究基础都是建立在古已有之的话题之上,很难说究竟谁影响了谁。

既然如此,作者为什么还要纠结于这个问题呢? 这和他撰述时的心态无疑密切相关。尽管古人早已涉及南北文风差异的问题,但其议论毕竟不属于严格意义上的文学史著作。日本学者在文学史著作中讨论这一问题,显然已着先鞭。作者尽管也意识到这一事实,并了解其对中国学界的影响,但还是力图争夺这一论题的发现权。在这背后隐约折射出国人在撰述文学史的进程中,对于外来影响开始由单纯接受转变为应对调整,甚至于暗中较劲，其中或许还交织着颇为复杂的民族情感和家国情怀。

陶诗品第

南朝齐梁时期的钟嵘在《诗品》中将陶渊明列为中品，尽管反映了当时的审美标准，却引起后世的不少争议。钱锺书《谈艺录》(开明书店，1948年)"陶渊明诗显晦"一节曾论及"近有笺《诗品》者二人，力为记室回护；一若记室品诗，悉本秤心，断成铁案，无毫发差，不须后人作诤友者。于是曲为之说，强为之讳，固必既深，是非遂淆"，而其依据即所谓宋本《太平御览》所引《诗品》上品诗人名单中原有陶潜。钱氏对此力予辩驳："余所见景宋本《太平御览》，引此则并无陶潜，二人所据，不知何本。单文孤证，移的就矢，以成记室一家之言，翻征士千古之案。"随后从《诗品》全书体例着眼以证成己说。钱锺书在这里未点名批评的，或谓一指陈延杰，一指古直（参见曹旭《诗品研究》，上海古籍出版社，1998年）。陈氏《诗品注》最初由开明书店于1927年出版，考订未精，错讹颇多，因而问世不久即遭到古直等人的讥评。但在该书初版中，陈氏只说过"彭泽之豪放，当列上品"(《〈诗品注〉跋》)，并未对传世的《诗品》文本提出质疑。率先发此谬论的乃是稍后问世的古直《锺记室诗品笺》(上海聚珍仿宋印书局，1928年)。陈氏后来在修订己著时才发表同样的意见，孰料羊牢未补，反添蛇足。

乍一看，陈氏新论当是亦步亦趋地承袭自古氏旧说，迹近战败者的无条件投降。但实情恐怕并非如此简单，因为在胡小石《讲稿》第六章《魏晋文学》中也有一段议及此事："把陶公置于中品的公案，后世人多有不平之鸣。关于此点，我倒有一桩小小的发现。就是钟嵘原来是把陶公置于上品的，我的根据并不是近日流行的《诗品》的版本，乃在《太平御览》第五百八十六卷文学类引《诗品》的地方。明明上品列有十二人，陶渊明正是其中之一。《太平御览》为宋太宗太平兴国时所辑，所据书当为唐本或五代本。今本置陶公于中品，想来系北宋以后始如此，而且陶公的诗，颇合于锺记室所举的'多非补假，皆由直寻'的标准。"陈、胡二人早年均就读于两江师范学堂，从学堂监督李瑞清游，当时又同在金陵大学、中央大学任教，时相过从，屡有唱和。对于这位老同学兼老朋友的意见，陈延杰自然会格外注意。

　　不过，虽然胡氏言之凿凿，但很可能并未真的翻检过《太平御览》。当年学者研究治学，可不像现在这样能够轻松自如地获取资料。《讲稿》中有一事可做参考，第七章《南朝文学》中提及自己花了不少时间研究当时人所说的"浮声""切响"，认为就是指平仄而言，并自诩为"一件小小的创获"。但后来陆续读到邹汉勋《五均论》、阮元《文韵说》，才知道前人"早已如此说法"。直至最后翻阅《新唐书·杜甫传论》，才知道宋人即已明白指出这一点，"于是更叹读书及持论之不易"。这固然显示出作者治学的严谨审慎，但不也证明其在资料掌握方面的欠缺吗？由此看来，胡氏对《诗品》的意见，恐怕也不是"纸上得来"，而是直接采纳古直之说。当然，课堂讲授不比独立研究，尤其是文学史一类的课程，不可能也不需要事必躬亲，参考借鉴一下旁人的成果无可厚非。只是不加鉴别就率尔命笔，就难免误导学生——兴许有时还误导了同事。

陈延杰生平著述不多,最有影响的就要算这本《诗品注》了。而据其家人回忆,因为初版中错谬颇多,"此事还增加了同事胡小石、陈中凡对他的轻视,此后命运一直不好,失业在家,靠卖文和救济度日"。(参见曹旭《诗品研究》引陈氏之子陈鸿询语。按:曹著原文误以"胡小石"为"吴小石"。)人际关系的是非曲直向来复杂,当事者各执一词,旁观者很难轻易评判。但陈氏后来在修订旧著时那种凄楚哀怨、战战兢兢、小心谨慎、宛若惊弓之鸟的心态,却是不难想见的。其修订本直至现在仍是传播最广泛的《诗品》注本,只是在陶诗品第问题上,他却相继被当年的批评者古直和老朋友胡小石误导,直接导致后来研究中的谬种流传,虽然本人难辞其咎,但追溯一下事发缘由,却也着实令人感慨莫名。

一分为三

作者在讨论问题时尤其偏好"一分为三",如第一章《通论》叙述"对于文学有明显主张的,约分三派",其一为"主单语,重散文",其二为"主偶体,重骈文",其三即调和二说,"骈散兼工";第五章《汉代文学》叙述"关于文学能否独立,文人是否尊贵的问题,当时显然有二派不同的意见",一派是"耻为文人",另一派则主张"文士不朽",但随后又补充道"此外,还有杨修比较是个调和派";第十章《唐代文学》中将晚唐文学分为"功利派""词华派"和"元白派"。诸如此类,不一而足。尤其值得关注的是第七章《南朝文学》中的一番议论:"梁代既有这么多的作家,所以同时又产生了几个很重要的批评家。他们中间的派别,虽说很多,但大概分来,不外乎尊崇文学,反对文学,与折中二者之间的这么三派。"具体说来,"反文派"的兴起缘于"齐梁间文学极盛,故所遭之反感亦愈大。此派当以裴子野为代表";而"主文派"的批评"颇能代表当时的思潮,以刘勰与钟嵘之势力为最大";至于"折中派","此中代表人物为颜之推,他生于梁而后来入北,可说他能综合当时南北的思想,所以才会发生那种中立的议论"。这番条分缕析、阵营鲜明的考察不仅具有相当重要的学术价值,而且也产生了极为深远的学术史影响。

谓予不信,不妨引一段田晓菲在近著《烽火与流星:萧梁王朝的文学与文化》(中华书局,2010 年)中的评论:"在学术界,很长时间以来一直有一种共识,也就是说在梁朝存在着三种相互敌对或者相互竞争的文学阵营。……尽管学者们对每一个阵营的具体成员仍然持有不同意见,但是在某一些作家和作品的身份归属上基本上具有共识。"可惜在追溯这一观念的发端时,田氏未能追本溯源,而误认为"最早提出这一观点的是周勋初的《梁代文论三派述要》"。按周勋初于 1950 年考入南京大学,即受学于胡氏;1957 年又回到南大,继续跟随胡氏攻读研究生学位,尽管问学内容集中于楚辞,时间也只有短短两年,且因受政治运动的影响而时有中辍,但耳濡目染之际,对老师的意见无疑应是熟稔在胸的。其《梁代文论三派述要》发表于 1964 年出版的《中华文史论丛》第五辑,将当时各家分为"守旧派""趋新派"和"折中派",其划分的依据显然承袭自乃师之说。当然,周氏的论文不仅在考察过程中更加翔实细致,而且对三派成员的归属也做了重大调整(如将刘勰归为折中派而非趋新派的代表),正可谓青出于蓝而胜于蓝。不过若要梳理学术观念的发展嬗变，考察学术传统的承传发扬，仍然不能不提及胡小石的贡献和影响，即此也可见《讲稿》价值之一斑。

《春江花月夜》

唐人张若虚的《春江花月夜》，"孤篇横绝，竟为大家"（王闿运《湘绮楼论唐诗》）。近代学术界与其有关的有两篇重要论文，一篇是胡小石发表于1929年的《张若虚事迹考略》（原载艺林社编《文学论集》，收入《胡小石论文集》，上海古籍出版社，1982年），另一篇是闻一多发表于1941年的《宫体诗的自赎》（原载《当代评论》第十期，收入《唐诗杂论》，开明书店，1948年）。相较而言，后者更加为人所熟知。闻一多带着特有的诗人气质竭力称颂此诗，"这里一番神秘而又亲切的，如梦境的晤谈，有的是强烈的宇宙意识，被宇宙意识升华过的纯洁的爱情，又由爱情辐射出来的同情心，这是诗中的诗，顶峰上的顶峰"，对其独特魅力的开掘和体验至今仍为人津津乐道。不过，尽管闻氏对《春江花月夜》不吝赞美之词，甚至强调说："至于那一百年间梁陈隋唐四代宫庭所遗下了那分最黑暗的罪孽，有了《春江花月夜》这样一首宫体诗，不也就洗净了吗？"但仍然沿袭前代如清人王闿运的看法，将之归入历来遭人诟病的梁陈宫体诗范围之内。

1982年二三月间，重返母校南京大学任教的程千帆接连发表了《张若虚〈春江花月夜〉的被理解和被误解》与《张若虚〈春江花月夜〉集评》两篇长文（均收入《古诗考索》，上海古籍出版社，1984年），针对闻一多的观点提出异议："宫体和另外大量存在的爱情诗以及寓意闺闱而实别有托讽的诗是有本质上的区别的，在描写肉欲与纯洁爱情所使用的语言以及由之而形成的风格也是有区别的，不应混为一谈。而王闿运与闻一多的意见恰恰是以混淆宫体诗与非宫体的爱情诗的界限为前提的。……王闿运与闻一多所受教育不同，思想方法亦异，但就扩大了宫体诗的范围而导致了对《春江花月夜》的误解来说，却又有其共同之点。这就是对复杂的历史现象理解的表面性和片面性。"虽然言辞犀利，批评得却颇有道理。

有意思的是在《讲稿》第十章《唐代文学》中，胡小石也将张若虚归入"齐梁派"诗人的行列，并说："《春江花月夜》，原为乐府诗，由陈后主造题，与《玉树后庭花》等同调。陈代歌词，可惜而今不见。现在此词可见而又最古者，是为隋炀帝所作。其词为：'莫江平不动，春花满正开。流波将月去，潮水带星来。'新奇可诵，但只有五言四句。即至张若虚作此题时，洋洋长篇，极诡丽恢奇之能事，满篇富有玄理，而毫不觉沉闷。"稍后发表的《张若虚事迹考略》，因为史料匮乏，勾勒出的生平经历极为简略，相当一部分内容还是集中在对作品意蕴的探讨，而其主旨则与《讲稿》一以贯之。作者引录了《新唐书·文艺传总叙》中的一段议论："唐有天下三百年，文章无虑三变。高祖、太宗，大难始夷，沿江左余风，绮句绘章，揣合低卬，故王、杨为之伯（按指王勃、杨炯等）。"并作按语云："王、杨并托旨宫闱，善为情咏。自梁简文帝好为宫体，而情诗怨什，一时称盛，所谓江左余风，盖指梁、陈旧习而言。若虚生际初唐，受其重沐，故所作亦纯为抒情之什。《春江花月夜》之题，本陈曲也。"显而易见，他和之前的王闿运以及之后的闻一多一样,仍将此诗视为沿袭宫体余风的作品。

程千帆于 1932 年进入金陵大学(今南京大学前身)中文系就读,师从黄侃、吴梅、汪辟疆、胡小石诸位名师,为其日后从事学术研究奠定了坚实的基础。他在晚年曾多次忆及当时的情形:"从胡小石(光炜)先生学过文学史、文学批评史、甲骨文、楚辞。……小石先生的语言艺术是惊人的,他能很自在地将复杂的问题用简单明了的话表达出来,由浅入深,使人无不通晓。老师们对自己的研究成果,也从不保密。"(《桑榆忆往》,上海古籍出版社,2000 年)又说:"胡小石先生教《唐人七绝诗论》,他为什么讲得那么好,就是用自己的心灵去感触唐人的心,心与心相通,是一种精神上的交流,而不是《通典》多少卷,《资治通鉴》多少卷这样冷冰冰的材料所可能记录的感受。我到现在还记得当时胡先生的那份心情、态度,就是在这样的情况下,我学到了以前学不到的东西。"(《漫谈研究古代文学的基本方法——两点论》,载《古典文学知识》1997 年第 2 期)可惜《讲稿》中的内容还嫌太过简略,当日课堂讲授必定更为生动精彩,胜义缤纷。不用说,对这些内容程千帆应该不会感到陌生,尽管多年之后他才着手撰写那两篇长文,但其最初的想法或许早在半个世纪前课堂听讲时就已经萌生了。他在自己的论文中也顺带提及胡小石的《事迹考略》,但只是为了说明诗人生平"后人所知无多",并未涉及其他。论文历数前人对张诗的误解,涉及近代学界时便把批评的矛头集中指向闻一多,并未提及胡小石在此之前也有同样的看法,这一方面固然是由于闻氏在学术史上的地位及影响使然,另一方面或许也有为尊者讳的意味在其间。明白这一层缘由,才庶几不会对"复杂的历史现象"做"表面性和片面性"的理解吧。

【附记】

本文中提到的"陶诗品第"问题,在拙文《现代学术史上的"陶诗品第"之争》(载《文艺理论研究》2016 年第 2 期)中有过更详细具体的讨论。